世代間交流の理論と実践　1

人を結び、未来を拓く世代間交流

草野篤子・溝邊和成・内田勇人
安永正史・山之口俊子
編著

三学出版

はじめに

　日本世代間交流協会が米国ピッツバーグ大学名誉教授であり、国際学術誌 Journal of Intergenerational Relationships の創刊者であり、スペイングラナダ大学の Dr. Mariano Sanches と共同編集長である Sally Newman 博士の来日（2003年3月と10月）を機に創立されてから、早や11年が経過した。その後、日本世代間交流協会は2006年には特定非営利活動法人となり、数多くのワークショップや、世代間交流コーディネーター養成講座を開講する中で、世代間交流学会の必要性が多くの学者、研究者、実践家の中で話題となり、2010年6月6日に日本世代間交流学会が創立された。
　これを機会として、学問としての世代間交流学を創設する意気込みと潮流の下、今までの学の在り方そのものを再点検し、新たなパラダイムで見直しをしていくこととなった。
　2010年8月の芦屋大学での第1回日本世代間交流学会の開催を皮切りに兵庫教育大学で第2回、名古屋芸術大学で第3回、東京都健康長寿医療センターで第4回、兵庫県立大学で第5回と、多方面からの研究テーマでの講演や発表が行われた。特に第4回大会では米国ペンシルヴァニア州立大学教授 Matt Kaplan 博士が来日し、基調報告を行っている。また第5回大会は、2014年10月に兵庫県立大学で開催され、盛会裡に終えることができた。
　学会の全国大会の開催に加えて、日本世代間交流学会の学術誌「日本世代間交流学会誌」が、2014年4月現在、第1号から第4号まで発行され、多くの研究や実践報告が掲載されている。
　その間にも、2006年には日本世代間交流協会の NPO 化に加えて、8月初めには、早稲田大学井深大国際会議場において海外9カ国からの報告者・参加者を含めて約300人余の人々が世界各国や日本各地における世代間交流の実践や課題について報告し、今後の世代間交流における世界的交流や連携の持続や発

展を約束しあった。

　ここ約10数年の間に、地域、学校、保育園、幼稚園などにおいて、多様な世代間交流の流れが大きくなり、特に意識的、意図的世代間交流プログラムが各地で行われるようになっている。

　例えば、私が現在所属している東京都小平市の白梅学園大学においては、小平市西地区の住民、学校、行政、施設などに呼びかけ、「顔と顔の見える人間関係」を地域に構築することを意図して、「小平西地区地域ネットワーク」を、東日本大震災からの教訓を得て2012年3月に立ち上げた。
　このネットワークは順調に広がり、現在では懇談会や学習会の他に、地域のマンションや一戸建てを提供して下さる方々が出てきて、地域の居場所が合計3ケ所作られた。その一つの「ほっとスペースさつき」の場合には、週2回、マンションの2DKで住民の間に憩いの時間が生み出され、それを可能とするボランティア組織や運営規則も出来上がっている。さらに、最近では学習塾に通えない地域の子どもに無料の塾を開設し、行政の支援が約束されている。
　それ以外にも同大学子ども学部の家族・地域支援学科の「世代間交流論」と「世代間交流演習」の授業で1カ月に1度、学生が運営して地域の親子連れや高齢者、障害者向けに、コミュニティカフェを開催している。内容の中心は学生と地域住民とのコミュニケーションや交流であるが、昨年は、学生が作った紙芝居の上演をはじめ、歌、よさこい踊り、地域の歳時記戦争体験者の話など、各回ごとに異なっている。
　このコミュニティ・カフェは毎回、地域の方々が楽しみにしていて、多い時は200人、少ない時でもおよそ50人から60人が集まっている。
　上記の2科目履修と社会福祉士の国家試験受験資格(※)および4年制大学の卒業（見込みを含む）生は、特定非営利活動法人日本世代間交流協会から「世代間交流コーディネーター」資格を与えられる。今年は、白梅学園大学家族・地域支援学科卒業生5人、同大学大学院子ども学研究科修士課程修了者1名に

世代間交流コーディネーター資格が与えられた。

　国際的にみても、世代間交流の潮流は大きなうねりとなっており、米国、英国、ドイツをはじめ、スペイン、シンガポール、台湾などにおいても子どもと高齢者の交流の必要性は社会的ニーズとして、盛んになっている。

　世代間交流の国際組織には ICIP（International Consortium of Intergenerational Practices）があり、2～3年に1回、国際会議が開かれている。その他にも全米を対象とする世代間交流の人権擁護組織 Generations United（GU）があり、2年に1回、国際会議を7月末～8月初めにワシントンD.C.などで開催し、世界各国の実践者や研究者が参集する。

　英国とオーストラリアにおける世代間交流実践の一端について、本書の第12章と第13章で紹介しているが、スウェーデン、デンマーク、ノルウェーなど北欧諸国における世代間交流にも大変ユニークなものがある。それらについても、すでに出版された拙著をご覧いただけると幸いである。

　世代間交流についての研究や学習、さらに実践を現実的に推し進めるためには、行政や地域、各種企業との連携が重要となっている。今後は行政、企業、福祉施設などに勤務する人々などを対象とする夜間開講の大学院大学修士課程の設立が肝要である。学校法人を母体とする大学院大学の設立についても、今後、具体的に検討していきたいものである。

※社会福祉士国家試験受験資格のほかにも、小・中・高等学校教諭資格、保育士、幼稚園教諭資格でも可。

草野　篤子

目　次

はじめに

第1章　世代間交流プログラムが児童の高齢者イメージに与える影響
　　　　——テキストマイニングによる検討
　1．わが国の高齢者イメージ研究…………………………………… 1
　2．方法………………………………………………………………… 3
　3．結果………………………………………………………………… 7
　4．考察…………………………………………………………………10
　5．本研究の限界………………………………………………………12
　6．謝辞…………………………………………………………………13

第2章　児童養護施設入所児童と高齢者との世代間交流
　1．社会的養護を必要とする児童の現状……………………………16
　2．児童養護施設入所児童における心身の健康問題………………18
　3．地域社会および世代間交流への期待……………………………18
　4．児童養護施設入所児童と高齢者との世代間交流………………19
　5．今後の展開…………………………………………………………24

第3章　高齢者福祉施設における世代間交流を生み出すハードとソフトのデザイン
　1．社会福祉法人健康園による「昭和の路地裏作戦」……………26
　2．コミュニティ・レストランが育む世代間交流の輪……………34
　3．おわりに……………………………………………………………40

第4章　非行少年の更生支援における民間ボランティアの役割
　　　　——BBS運動の展開に焦点をあてて
　1．民間ボランティアによる非行少年の支援活動…………………41
　2．戦後動乱期における非行少年対策………………………………42

3．更生保護制度における民間ボランティア（BBS会）の役割 ……44

第5章　認知症ケアにおける世代間交流の貢献例
　　1．はじめに……………………………………………………………54
　　2．なぜ、認知症が問題なのか………………………………………54
　　3．認知症とMCI（軽度認知障害）…………………………………56
　　4．「認知症ケア」……………………………………………………58
　　5．「徘徊」の目的と意味 ……………………………………………60
　　6．共に生きる――当事者・関係者が見出す世代間交流の意義……62
　　7．おわりに……………………………………………………………64

第6章　行政事業「祖父母講座」についてのプログラム評価
　　　　――量的・質的調査からみるその実態と効果に関する考察
　　1．今日の社会的背景――「祖父母講座」は今なぜニーズがあるか？………66
　　2．祖父母講座の実態――どんなふうに実施されているか？ ………68
　　3．理論と実践の狭間で――何が問題か？……………………………71
　　4．今後にむけて――異世代をつなぐ鍵として………………………74

第7章　作る・食べることの実践と子どもの食育
　　　　――食の世代間共有
　　1．対象と方法…………………………………………………………77
　　2．結果…………………………………………………………………79
　　3．考察…………………………………………………………………82
　　4．結論…………………………………………………………………85

第8章　大学生における高齢世代との交流意識と
　　　　エイジズムとの関連
　　1．超高齢社会の光と影………………………………………………86
　　2．高齢者への差別次元………………………………………………86
　　3．世代間交流意識とエイジズムの関連……………………………87
　　4．考察…………………………………………………………………93
　　5．今後の課題…………………………………………………………94

第9章　教員養成系大学における祖父母の語りにみる学生の学び
　　　　──雑誌『世代間交流―老いも若きも子供も―』からみえること

1．はじめに………………………………………………………………… 100
2．研究方法・調査内容と対象者………………………………………… 101
3．記述内容の整理………………………………………………………… 101
4．学校教育の実態と歴史的背景………………………………………… 103
5．祖父母の語りと学生の感想…………………………………………… 106
6．まとめにかえて………………………………………………………… 110

第10章　世代間交流活動として取り入れた自然共有型ゲーム指導に見る学生の工夫

1．はじめに………………………………………………………………… 113
2．ネイチャーゲーム……………………………………………………… 113
3．実習とネイチャーゲーム……………………………………………… 114
4．記載項目と幼児・高齢者に関する記述……………………………… 115
5．項目選択の際の工夫点………………………………………………… 124
6．ゲーム実施上の留意点………………………………………………… 127
7．ステップの効果………………………………………………………… 128
8．まとめ…………………………………………………………………… 128

第11章　高等学校家庭科における世代間交流
　　　　──生涯を見通して生活をつくる力を育成する試みから

1．学習指導要領にみる高等学校家庭科の学習内容…………………… 131
2．世代間交流からはじまる家庭科授業実践…………………………… 133
3．世代間交流における本実践の意義…………………………………… 137
4．DeSeCoのキー・コンピテンシーと世代間交流…………………… 138

第12章　英国における世代間交流の実践
　　　　──ロンドン、マンチェスターを中心に

1．はじめに………………………………………………………………… 141
2．ロンドンにおける世代間交流………………………………………… 141

3．Manchester City Council における世代間交流 …………… 148
         4．おわりに……………………………………………………… 151

第 13 章　オーストラリアにおける世代間交流プログラム
　　　　　──シドニー市およびメルボルン市周辺における移民高齢者と子どもの
　　　　　　世代間交流を中心に

         1．目的 …………………………………………………………… 152
         2．方法 …………………………………………………………… 152
         3．結果 …………………………………………………………… 152
         4．考察 …………………………………………………………… 170

あとがき………………………………………………………………… 172

第1章 世代間交流プログラムが児童の高齢者イメージに与える影響
―― テキストマイニングによる検討

安永　正史

1．わが国の高齢者イメージ研究

　近年、家族機能の再生や地域社会の再構築に対する有効な手段の一つとして世代間交流が注目されている[1]。これは我が国において家庭や地域社会において偶発的・自然発生的に営まれてきたごく日常的な行為であった世代間交流が、もはや意図的なプログラムとして創出しなければならないほど少なくなってきていることの裏返しである。つまり、1960年前後からの産業構造の変化の結果、子育て世代の都市部への集中とその祖父母世代との地理的な分離によって家庭の教育力の低下、地域で孤立した高齢者の介護の問題、地域社会の治安の悪化など明らかになるにつれ[2]、あらためて世代間の交流の重要性が見直されはじめているのである。

　このように注目はされつつも、わが国における世代間交流に関する研究は、一つの分野として未だ確立されておらず[3]、2010年6月6日の日本世代間交流学会の設立を経て、ようやく学問の一領域としての位置づけと共通認識が図られるようになってきたばかりであり、先行する米国に比べ、研究の質量ともに立遅れているのが現状である。さらに、その効果について実証的な介入によって検討を行った研究は少ない。米国における代表的な介入研究であるExperience Corps®研究をモデルに行われた世代間交流プログラム"REPRINTS"はその数少ない研究の一つとして挙げられる。

　Experience Corps®研究とは、米国のボルチモアにおいて、フリードらが1995年にはじめた世代間交流研究であり、高齢者ボランティアが、地元の小学校で児童の読み書き計算などの基礎学習のサポートを行う交流プログラムで

ある[4]。

　一方、"REPRINTS"とは、東京都老人総合研究所（現東京都健康長寿医療センター研究所）が、2004年度より開始した世代間交流プログラムであり、高齢者ボランティアが絵本の読み聞かせ活動を通じて児童と世代間交流を行う介入研究"Research of Productivity by Intergenerational Sympathy（単語の初めの数文字を並べて"REPRINTS"とした。）の通称である。このプログラムは、絵本の読み聞かせを通して若年世代の図書・文学への関心を高めるとともに、高齢者への敬愛の念を深めることで情操教育の一助になること、更には地域における世代間の信頼を維持・促進することを一つの目的としている。これまでに、読み聞かせの対象の小学生、高齢者ボランティア自身、保護者の3者を対象にした介入効果の報告がなされている[5)〜7)]。

　この研究における小学生児童への介入効果の指標として高齢者イメージが用いられており、高齢者ボランティアとの交流頻度が高い児童では、1年後も肯定的なイメージが維持されていた（学年、性、祖父母など高齢者との交流経験、社会的望ましさ得点を調整）。これまでの我が国の小中学生を対象にした研究では、高学年ほど否定的なイメージを持つ傾向があること、祖父母との交流経験が多いほど肯定的なイメージを持つことが報告されている[8)〜10)]。この従来の研究結果と"REPRINTS"の結果を合わせると、祖父母に限らず、地域高齢者との定期的な世代間交流は、学年が上がるに従って低下する傾向にある高齢者に対するイメージを肯定的なものに維持・改善する効果をもたらす可能性があると言える。

　ただし、この研究では、高齢者に対するイメージに関して、10対の形容詞（例えば、「元気な－病気がちな」）を子どもが5段階で評定したデータを用いている。したがって、分析の範囲は評定に使用した形容詞対に限定されている。さらに、そのイメージ変化が高齢者のどのような行為によってもたらされたものなのか、その具体的な内容にまでは踏み込めていないというのも手法としての限界と言える。つまり、高齢者に対するイメージの変化は「絵本の読み聞かせ」というプログラム固有の特性、たとえば、作品が持つメッセージや価値観

に触れることに対する面白さや、声に出して読んでもらうという行為の楽しさによってもたらされたものかもしれない。あるいは、プログラム前後で挨拶を交わしたり、おしゃべりをしたり、名前をお互いに覚えたことによって親しみがわいたなど、プログラム固有の特性とは関係ない、定期的な高齢者との交流によってもたらされた世代間交流が持つ普遍的な効果かもしれない。そのいずれの効果なのかについては明らかにされていないと言うことである。

現在、様々な世代間交流プログラムが提案・実践され、子どもと高齢者の交流を促進する上での工夫・仕掛けに関する報告が多くなされている。しかしながら、プログラムのどの側面が子どもたちにどのような影響を与えているのかについてプロセスを明らかにした研究は少ない。

そこで、本章では、"REPRINTS"の対象校の子どもが高齢者のイメージについて自由に記述した文章の介入直後からの15か月間の経時変化を分析することで、このプロセスについて示したい。

2．方法

(1) 世代間交流プログラム"REPRINTS"の概要

"REPRINTS"に参加する高齢者ボランティアの主たる活動は絵本の読み聞かせによる学校支援活動である。参加者は都心部（東京都中央区）、都市部住宅地（神奈川県川崎市多摩区）、地方小都市（滋賀県長浜市）の3地域で一般公募によって集められた60歳以上の高齢者である。この年齢基準は一般的な退職年齢を基に設けられている。その理由は退職後に期間を置かずに社会的な活動に参加することで社会的役割と知的能動性を賦活し、心身の機能を維持することが当該プログラムの第一のねらいだからである。本プログラムの第二のねらいは、先にも述べたとおり、それは絵本の読み聞かせを通して若年世代の図書・文学への関心を高めるとともに、高齢者への敬愛の念を深めることで情操教育の一助になること、第三のねらいは地域における世代間の信頼を維持・促進することである。プログラムに参加するにあたり、高齢者は絵本の読み聞

かせによる学校ボランティア活動を始めるための準備として、週1回2時間のボランティア養成のためのセミナーを3カ月間受講している。セミナーの内容は、絵本に関する知識と読み聞かせの実技、ボランティアについての基礎知識、地域における子育て事情、学校教育の現状、健康づくりなどであった。実際にボランティアとして活動する際には、1校あたり6～10人程度のグループに分かれて担当した。2004年度の開始時のボランティア受け入れ先は、全体で小学校6校、幼稚園3園、児童館1ヶ所、学童クラブ5ヶ所、全ボランティア数67名であった。

(2) 調査期間

第1回目の調査（以下R1）は2006年9月に実施した。この時期は"REPRINTS"のボランティアが対象校での読み聞かせの活動をはじめてから約1カ月後（夏休みを除く）であった。第2回目の調査（以下R2）は2007年3月（R1から約7カ月後）に実施された。第3回目の調査（以下R3）は2007年11月（R1から約15カ月後）に実施された。

(3) 調査対象者

調査対象者は2006年度より"REPRINTS"のボランティア活動校となっている中央区X小学校の1年生～6年生の全児童生徒であった。R1の有効回答数は206名、R2の有効回答数は207名、R3の有効回答数は210名であった。ただし、本研究はR1～R3における縦断的な分析を目的としている。そのためR1、R2後に卒業し、R3の調査データのない6年生と、R3のみで、R1、R2の調査データを持たない新1年生は分析の対象から外した。また、R1～R3を通じて欠損値のある対象者を分析から除いた。その結果、分析対象者は156名となった。

(4) ボランティアの活動状況

中央区X小学校での"REPRINTS"ボランティアの活動状況は、1学級あ

たり月2回であり（年間18回）、朝の学級活動の時間に1～6年生の教室に訪問して絵本の読み聞かせ（15分程度）が行う。読み聞かせの実演は、ボランティアが黒板を背に教壇に立ち、その前に小学生が絵本が見えるように半円形に取り囲んで椅子に座るか、床に直接座って聞くという状況で行われる。低学年の児童に対しては手遊びが導入として行われることもあるが、基本的には絵本の読み聞かせが主たる活動である。高齢者は子ども達に自らの伝えたい思いを絵本に込めて読み、児童は表情、態度、時には、つぶやきでそれに応えるという「物語の世界の共感」が、この世代間交流の中心的な内容である[11)][12)]。

どのような絵本を読むかについては、基本的に担当のボランティアに任されているが、事前に公立図書館の司書職を務めた経験のある専門的指導者や小学校の図書担当の教諭、ボランティア同士で協議して最終的に決定されている。こうした選書、読み聞かせの練習、実演を重ねることで蓄積された情報は、読み聞かせを行う時節、対象学年、目的に応じた定番作品として共有されている[11)][12)]。読み聞かせの実演の日は、前後に他のボランティアや図書担当の教諭との打合せを行うため、ボランティアは全体で2時間程度、校舎内に滞在している。X小学校を担当した高齢者ボランティアの実数は、開始当初で男性1名、女性13名の合計14名であった。各学年に2、3名ずつ割り振られ、1年間を通して同じメンバーが読み聞かせを担当した。開始時点でのボランティアの平均年齢は68.8歳であった。

(5) 調査実施方法

調査期間は1週間を設け、その期間内の任意の授業時間（学級活動の時間を含む）において、学級担任が調査の目的と教示を含む調査用紙本文全てを口頭で読みあげることによって自記式アンケート方式で行われた。記入方法や注意事項を詳細に記入した「アンケート調査マニュアル」を配布した。児童への調査協力の依頼と同意については、回答したくない、できない質問については提出をしない、あるいは、空欄でかまわないことを学級担任を通して伝えてもらい、調査用紙の提出をもって同意とみなした。また、調査の実施にあたっては、

事前に保護者宛てに校長名で告知と説明文の配布を行うことで保護者からの同意を得た。

(6) 調査項目

調査項目は高齢者についてのイメージ以外に学年、性別、高齢者との同居経験、交流経験を尋ねた。高齢者イメージについては、「あなたが、おとしよりについて好きだと思う点、苦手だと思う点を、下のわくの中に自由に書いてください」と教示を与え、「好きな点」と「苦手な点」を別々の記述欄に十分に時間をとって記述させた。

(7) 分析方法

高齢者イメージについて子どもが自由に記述した回答に対して、村山[13]を参考にテキストマイニング手法を用いて分析を行った。テキストマイニングとは、テキストデータを定量的に分析して有用な情報を抽出するためのさまざまな方法の総称である。自然言語処理、統計解析、データマイニングなどの基盤技術の上に成り立っている[14]。自由記述形式のアンケートなどで得られた大量の文章データを対象とした分析有用な方法である。したがって、本研究のように自由記述された大量の文章情報を要約し、全体的な回答傾向を把握するのに適した手法である。このテキストマイニングを行うために使用したソフトは、KH Coder（Ver.2.beta.23）[15]であり、χ^2分析などの統計処理にはSPSS 18.0 for Windowsを使用した。

KH Coderは、テキストデータの分かち書き処理から、対応分析、クラスター分析などの多次元データ解析までを行うテキストマイニングに特化したソフトである。テキストデータの分かち書き処理に必要な日本語形態素解析システムはいくつか提案されているが、当該ソフトではChaSen「茶筌」が採用されている。

分析は以下の (1)～(6) の手順で行った（手順 (2) 以降はKH Coder上での処理である）。(1) KH Coderで処理する前に自由記述の中で、「なし」の回答および、無記入のケースを分析の対象から外した。(2) 全ての文章データを

分かち書き処理した。この際、記号、句読点、助詞、助動詞、接続詞、「私」、「自分」、「これ」、「あれ」、「それ」などの代名詞を分析対象から外した。(3) 類似語の置き換え処理を行った。例えば、「おじいさん」の記述が1回、「おじいちゃん」の記述が2回出現していた時には、記述数の多い「おじいちゃん」に統一し、3回出現したと数えさせる処理を行った。(4) 平仮名表記と漢字表記の2種類が存在するような場合にも、記述数の多かった表記に統一した。例えば、「優しい」が3回、「やさしい」が5回出現していた場合には、「やさしい」に統一した。(5) 語尾変化による表記の相違があり、動作主が高齢者、対象が子どもの場合には、その関係が分かるように「くれる」をつけた表記に統一した。例えば、「読み」と「読む」の記述があり、高齢者が動作主、子どもが対象の場合、「読んでくれる」に表記を統一した。(6) 以上の処理に基づき調査ごと（R1～R3）に記述された単語の出現数を数えた。(7) 全体的な出現傾向を把握するために、調査時期と2回以上出現した単語の出現頻度による対応分析を行った。

3．結果

(1) 高齢者との同居経験の有無

高齢者との同居経験をベースライン時の回答に基づき集計した。その結果、「今、住んでいる」が22人（10.7％）、「昔、住んでいた」が45人（21.8％）、「住んだことがない」が139人（67.5％）であった。

(2) 祖父母等の高齢者との交流経験

祖父母等の高齢者との交流経験をベースライン時の回答に基づき集計した。その結果を表1に示す。祖父母等の高齢者との交流経験では、「ボール遊び・縄跳び・ゲーム等をして一緒にあそんでもらう」が74.3％の回答があり、最も多い交流内容として挙げられた。最も少なかったのは、「悲しい時・つらい時に話を聞いてもらう、はげましてもらう」の49.0％であった。

表1　祖父母等の高齢者との交流経験

交流内容	経験あり N（％）
ボール遊び・縄跳び・ゲームなどをして一緒に遊んでもらう	153（74.3）
本を読んでもらう／昔話をしてもらう	126（61.2）
悲しい時・つらい時に話を聞いてもらう／励ましてもらう	101（49.0）
病気・けがの時に看病してもらう	121（58.7）

(3) 高齢者イメージ

①好きな点

　R1～R3までの各調査において、児童が高齢者について好きな点を自由記述した文に2回以上出現した単語は表2の通りであった。

　記述の特徴を単純に記述数で見ていくと、「やさしい」の記述が3回の調査全てにおいて最も多く出現している。「教えてくれる」の記述も1回目に16回（3番目に多い）、2回目に28回（2番目に多い）、3回目に11回（5番目に多い）と全ての調査において上位を維持する出現率であった。「遊んでくれる」「買ってくれる」はR1、R2では比較的上位の出現率であったがR3で大きく減少するか（買ってくれる）、ほとんど記述されなくなっている（遊んでくれる）。「昔」「話」「昔話」も3回の全ての調査において、比較的上位の出現率を維持している。ちなみに、「昔話」「昔」「話」と3つに出現数が分けてカウントされている。「昔の遊び」のように別の語（ここでは「遊び」）を修飾していた「昔」が単語として切り出され、「昔」単独で1つとカウントされたことを意味する。「話」も同様である。つまり、「昔話」を「昔」と「話」に分けて2重にカウントしているわけではないということである。

　対応分析の結果（図1）、各調査に統計的に有意に多く見られたのが、R1は、「お金」、「はげます」、「おばあちゃん」、「買ってくれる」、「ゲーム」であった。R2は、「遊び」、「教えてくれる」、R3は、「読んでくれる」、「心をこめて」、「ゆっくり」、「声」、「あいさつ」、「うまい」の記述であった。

第 1 章　世代間交流プログラムが児童の高齢者イメージに与える影響　9

①苦手な点

　苦手な点の記述は、「なし」、あるいは、全く記述のなかったケースの割合が全体の 86％であった。したがって、十分な記述量が集まらなかったため、対応分析は行わなかった。特徴的な記述の例としては次のようなものが見られた。

表2　高齢者の「好きな点」について児童が自由記述した文を構成する要素とその度数

R 1		R2		R3	
構成要素	構成要素数	構成要素	構成要素数	構成要素	構成要素数
やさしい	86	やさしい	80	やさしい	74
遊んでくれる	16	教えてくれる	28	読む	29
教えてくれる	16	遊んでくれる	24	昔	15
買ってくれる	14	読んでくれる	14	本	12
昔	12	昔	12	教えて	11
話	9	本	12	知っている	11
知っている	8	買ってくれる	10	話	11
物	7	好き	9	好き	10
おばあちゃん	7	遊び	8	いろいろな	9
おこづかい	7	話	7	遊び	8
本	6	知っている	6	ゆっくり	7
読んでもらう	6	おこづかい	5	あいさつ	6
お金	6	聞かせてくれる	4	親切	6
遊び	5	お金	3	聞く	6
昔話	4	絵本	3	おとしより	5
はげましてくれる	4	親切	3	笑顔	5
おもちゃ	4	うれしい	2	声	5
連れて行ってくれる	3	おもちゃ	2	うれしい	4
ゲーム	3	もらえる	2	おもしろい	4
おかし	3	アドバイス	2	気持ちを込めて	4
うれしい	3	楽しい	2	うまい	3
親切	2	気にしてくれる	2	気持ち	3
楽しい	2	経験	2	経験	3
なぐさめてくれる	2	作ってくれる	2	心	3
かわいがってくれる	2	昔話	2	戦争	3
おもしろい	2	戦争	2	買って	3
おこられた	2	読み聞かせ	2	分かりやすい	3
おくってくれる	2	聞いてくれる	2	ありがとう	2
あいさつ	2	勉強	2	かわいがって	2
		連れて行ってくれる	2		
		話しかけてくれる	2		
		話しやすい	2		

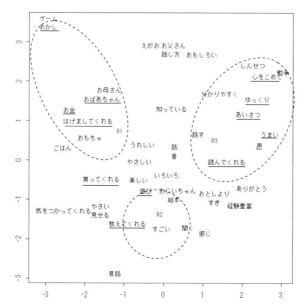

図1 児童が高齢者について好きな点を自由記述した文に2回以上出現した単語の対応分析の結果

「話」9件、「声（が聞きづらい）」6件、「よくわからない」5件、「（話が）長い」4件、「耳」4件、「遠い」3件、「しつこい」2件、「むずかしい」2件であった。

4．考察

(1) 子どもの高齢者イメージへのボランティア活動の内容の影響

"REPRINTS"の高齢者ボランティアが行う絵本の読み聞かせ活動のどのような側面に子どもたちは興味をひかれ、印象に残ったのかプロセスを明らかにすることを目的に、子どもの自由記述を対象に分析を行った。本研究における自由記述は、子どもが高齢者について「好きな点」、「苦手な点」をそれぞれ自由に記述したものである。その結果、全体的に見て、ボランティア活動開始1カ月後（R1）の時点から15カ月後（R3）まで、好きな点の記述内容として「や

さしい」など全般的に肯定的な側面に関する記述が多く、苦手な点の記述量が少なかった。このことから、子どもたちが、一般的な高齢者イメージとして良好なイメージを元々持っており、日本における高齢者イメージに関する先行研究を支持する結果が示された。

　自由記述の変容過程を概観し、高齢者イメージの変容のプロセスを検討するために、高齢者の好きな点の構成要素を対象に調査時期（R1、R2、R3）との対応分析を行った。その結果、ボランティア活動開始1カ月後（R1）では、「お金（をくれる）」や「ゲーム」、「買ってくれる」等、誕生日やクリスマスなどプレゼントを通した祖父母との物を媒介とした関係を示すと思われる記述が多く見られた。この結果は、祖父母との同居経験がある児童が過去も含めて3割程度であったこと、交流経験として最も多かったのが、比較的短時間でできる「ボール遊び・縄跳び・ゲーム等をして一緒にあそんでもらう」であったことと矛盾しない結果であり、祖父母との交流が非日常的なイベントとして行われていることがうかがわれる結果である。

　7カ月後（R2）も「遊び」、「教えてくれる」など祖父母との関係を示すと思われる記述が多く見られた。しかし、ここで注目したいのが、出現数としては2件と少なく、統計的な意味は持たないが、「気にしてくれる」「話しかけてくれる」の語が見られた点である。これはボランティアの活動の影響が、絵本の読み聞かせが持つ特性としてより、高齢者からの挨拶や声掛け、気遣いといった、より一般的な交流態度の影響として現れたと解釈できる。

　15カ月後（R3）では、「読んでくれる」、「心をこめて」、「ゆっくり」など、「絵本の読み聞かせ」のプログラム内容・特性の影響を反映していると推測される単語の出現数の増加が統計的に有意に示された。

　以上のことから、絵本の読み聞かせをしに学校に来る高齢者ボランティアに接することで、もともと良好である子どもの持つ高齢者イメージが、祖父母との関係を連想させる一般論的、表層的なイメージから、高齢者ボランティアの交流態度の影響を受けたと取れるイメージに、次いで、プログラムの内容・特性の影響を受けたイメージへと変容することが示された。

近年、多くの世代間交流プログラムが実践され、報告されているが、プログラムの内容・特性が、子どもたちの内面に及ぼすプロセスについて実証的に言及した研究はほとんど見当たらない。本研究は、世代間交流プログラムによって、子どもが抱く高齢者イメージが影響を受けて変容するプロセスをプログラムの内容・特性との関係から明らかにした点で意義を持つと思われる。今後、世代間交流プログラムを考案する際に、プログラムが持つ交流のための仕掛けや内容を熟慮することの重要性が示唆された。

(2) ボランティア活動への接触頻度

これまでの研究で、世代間交流をどの程度の頻度で行い、どの程度の交流の時間を持てば、プログラムとしての効果がみられるのかについて検討を行った研究は少ない。今回のボランティアの活動先小学校での活動頻度は学期中の月に2回（年間18回）、読み聞かせの時間は15分程度であった。したがって、年間の総活動時間は4.5時間程度である。一方、先に取り上げたExperience Corps® 研究では、学期中（9か月間）、最低でも週3回、計15時間[16]、年間の総活動時間は、約540時間と長時間の接触がなされている。それと比較して頻度、接触時間ともに少ない。しかし、本研究の結果から、たとえ低頻度、短時間のプログラムであっても、1年以上継続することで、子どもの内面に影響を及ぼす可能性が高齢者イメージの変化という側面から示された。このことは、余暇や趣味に比較的時間をかけることができると思われがちな高齢者も、実際には、家事や家族の介護、あるいは他の社会活動に忙しく毎日を過ごしており、そうした高齢者が、低頻度、短時間であっても世代間交流プログラムの一員として十分に社会貢献できる可能性を示唆している。

5．本研究の限界

本研究の分析では、自由記述を形態素解析と対応分析を用いることで、質的なデータを定量的なデータとして分析することを試みた。単語の形態素への分

割、出現率と共起性の計算によるこの種の手法では、文脈の情報が多く失われてしまう。たとえば、「絵本が好き」と「絵本が好きではない」という2つの自由記述をそれぞれ形態素に分け、対応分析を行うと、「絵本」「好き」「ない」という情報に集約され、2次元平面上に「絵本」と「好き」が近くに、「ない」は離れた場所に布置された結果が得られる。あるいは、「ない」は出現率が低いということで布置されない。こうした場合、全く反対の意味の内容の文が、この手法では同じ情報として集約されてしまうことになる。こうした弊害を避けるために、常に原文での単語の使用を確認しながら結果の解釈が必要であることが指摘されている[13]。本研究においても、重要な語に関しては、そうした確認を行っているが、全ての語に対して確認を行うことは難しく、対応分析の結果として示した2次元散布図はそうした限界を有している。

また、本研究では、藤原ら[5]同様に、協力校の制約上、対照群を設定できなかった。したがって、本研究における高齢者イメージの変容は、"REPRINTS"ボランティアとの交流によるものではない可能性も残されている。しかし、同校では、"REPRINTS"ボランティア以外に高齢者ボランティアは入っていないこと、本研究において明らかになった高齢者との同居率が1割程度であったことを考え合わせると、高齢者イメージの変容は、"REPRINTS"ボランティアとの交流による影響と考えるのが妥当であると考える。

6．謝辞

本研究は厚生労働科学研究費補助金（長寿科学総合研究事業 H16―長寿―031）「高齢者の社会参加・社会貢献の増進に向けた介入研究」（主任研究者 新開省二）の一環として行われた。本研究の実施に際しては、河合美津江、吉田友信（中央区立豊海小学校）、保坂登（前同小学校）、小原由佳（中央区立豊海小学校図書指導員）、植田たい子（中央区立阪本小学校図書指導員）の各氏、及び、"りぷりんと　中央区"のボランティアの皆様に多大なるご協力を頂いた。ここに厚くお礼申しあげる。

引用・参考文献
1) 汐見稔幸「世代間交流はこれからの社会づくりに不可欠な課題です」草野篤子・柿沼幸雄・金田利子・藤原佳典・間野百子（編著）『世代間交流学の創造』あけび書房、東京、2010年、1-8頁
2) 草野篤子「インタージェネレーションの歴史」『現代のエスプリ』第444号、2004年、5-8頁
3) 草野篤子「世代間交流理論構築のための序説とその歴史」草野篤子・金田利子・間野百子・柿沼幸雄（編）『世代間交流効果―人間発達と共生社会づくりの視点から―』三学出版、大津、2009年、1-17頁
4) 藤原佳典「世代間交流がもたらすシニア世代の健康と生きがい」『生きがい研究』第14号、2008年、76-101頁
5) 藤原佳典、渡辺直紀、西真理子、李相侖、大場宏美、吉田裕人、佐久間尚子、深谷太郎、小宇佐陽子、井上かず子、天野秀紀、内田勇人、角野文彦、新開省二「児童の高齢者イメージに影響をおよぼす要因 "REPRINTS" 高齢者ボランティアとの交流頻度の多寡による推移分析」『日本公衆衛生学会』第54巻、2007年、615-625頁
6) 藤原佳典、渡辺直紀、西真理子、大場宏美、李相侖、小宇佐陽子、矢島さとる、吉田裕人、深谷太郎、佐久間尚子、内田勇人、新開省二「高齢者による学校支援ボランティア活動の保護者への波及効果―世代間交流型ヘルスプロモーションプログラム "REPRINTS" から―」『日本公衆衛生雑誌』第57巻、2010年、458-466頁
7) 藤原佳典、西真理子、渡辺直紀、李相侖、井上かず子、吉田裕人、佐久間尚子、呉田陽一、石井賢次、内田勇人、角野文彦、新開省二「都市部高齢者による世代間交流型ヘルスプロモーションプログラム "REPRINTS" の1年間の歩みと短期的効果」『日本公衛誌』第53巻、2006年、702-714頁
8) 中谷陽明「児童の老人観―老人観スケールによる測定と要因分析―」『社会老年学』第34巻、1991年、13-22頁
9) 中野いく子「児童の老人イメージ―SD法による測定と要因分析―」『社会老年学』第34巻、1991年、23-36頁
10) 馬場純子、中野いく子、冷水豊、中谷陽明「中学生の老人観―老人観スケールによる測定―」『社会老年学』第33巻、1993年、3-12頁
11) 世代間交流プロジェクト「りぷりんと・ネットワーク」（編著）、藤原佳典（監修）『子どもとシニアが元気になる絵本の読み聞かせガイド：現役シニアボランティアが選んだ「何度でも読んであげたい絵本」101選』ライフ出版、東京、2008年
12) 世代間交流プロジェクト「りぷりんと・ネットワーク」（編著）、藤原佳典（監修）『シニアから君たち（小学校高学年・中学生）へ「読み聞かせ」に託す心のリレー―シニアボランティアが子どもたちに届けた読み聞かせ絵本 続101選』ライフ出版、東京、2010年
13) 村山陽、「子どもたちの抱く「高齢者イメージ」―社会的表象理論の視座からの分析―」『人間と社会の探求 慶応義塾大学大学院社会学研究科紀要』第65巻、2007年、43-54頁

14) 松村真宏、三浦麻子『人文・社会科学のためのテキストマイニング』、誠信書房、東京、2009 年
15) 樋口耕一「KH Coder」、http://khcsourceforgenet/（参照日 2011.4.19）
16) Fried LP, Carlson MC, Freedman M, Frick KD, Glass TA, Hill J, McGill S, Rebok GW, Seeman T, Tielsch J, Wasik BA and Zeger S, A social model for health promotion for an aging population: Initial evidence on the experience corps model, *Journal of urban health*, 81(1), 2004, pp.64-117

第2章　児童養護施設入所児童と高齢者との世代間交流

内田　勇人

1．社会的養護を必要とする児童の現状

　保護者のない、もしくは保護者に監護させることが適当でない児童（要保護児童）を、公的責任のもと社会的に養育し保護するとともに、養育に大きな困難をかかえる家庭に対して支援をおこなうことを総じて社会的養護とよぶ。社会的養護は、「子どもの最善の利益のために」と「社会全体で子どもを育む」を理念としておこなわれている（厚生労働省 2014）。2013（平成25）年10月時における要保護児童数は約4万6千人であり、「里親（家庭における養育を里親に委託）」、「ファミリーホーム（小規模住居型児童養育事業。平成21年度に創設。養育者の住居において児童5～6人の養育をおこなう里親型のグループホーム）」、「施設」において適切な養護が実施されている。「施設」（表1）において、最も多くの児童が入所しているのが「児童養護施設」であるが、その数はここ十数年で約1割増加している（図1）。
　児童養護施設は、児童福祉法に定める児童福祉施設の一つであり、児童福祉法では「児童養護施設は、保護者のない児童、虐待されている児童その他環境上養護を要する児童を入所させて、これを養護し、あわせて退所した者に対する相談その他の自立のための援助をおこなうことを目的とする施設」と定義されている。児童養護施設への入所理由をみると、これまでは「父母の死亡」「離婚」「行方不明」「入院」が主であったが、近年、これらは大きく減っており、「父母の虐待・酷使」および「父母の放任・怠だ」が増えている（内閣府a 2011）。里親、各施設における被虐待体験の有無の割合をみると、児童養護施設に入所している児童の半数以上は虐待を受けていることがわかる（図2）。入所児童の平均年齢は、10歳前後であり、心身の発達が著しい時期を施設で

第2章 児童養護施設入所児童と高齢者との世代間交流 17

表1 施設別にみた施設数、定員数、現員数（厚生労働省2014）

施設	乳児院	児童養護施設	情緒障害児短期治療施設	児童自立支援施設	母子生活支援施設	自立援助ホーム
対象児童	乳児（特に必要な場合は、幼児を含む）	保護者のない児童、虐待されている児童その他環境上養護を要する児童（特に必要な場合は、乳児を含む）	軽度の情緒障害を有する児童	不良行為をなし、又はなすおそれのある児童及び家庭環境その他の環境上の理由により生活指導等を要する児童	配偶者のない女子又はこれに準ずる事情にある女子及びその者の監護すべき児童	義務教育を終了した児童であって、児童養護施設等を退所した児童等
施設数	131か所	595か所	38か所	58か所	258か所	113か所
定員数	3,857人	34,044人	1,779人	3,815人	5,121世帯	749人
現員数	3,069人	28,831人	1,310人	1,544人	3,654世帯 児童5,877人	430人

※施設数、定員数、現員数は家庭福祉課調べ（平成25年10月1日現在）。児童自立支援施設は国立2施設を含む。

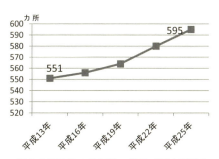

図1 児童養護施設の設置数の推移（厚生労働省2014）

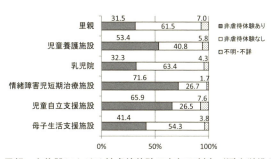

図2 里親、各施設における被虐待体験の有無の割合（厚生労働省2014）

生活している。児童養護施設では施設職員の献身的なケアが施され、入所児童の心のケア、家庭復帰をめざした環境の調整、自立に向けた援助からアフターケアまでトータルに児童虐待問題に取り組まれている。

2．児童養護施設入所児童における心身の健康問題

　児童養護施設入所児童における心身の健康に関する調査結果をみると、家庭での養育上の問題から、成長障害、気質上の問題、心理発達面での問題の存在が指摘されている。徳田ほか（2003）は養育環境の不良等により低身長の状態にある児童が観察されたと述べ、吉田（2011）は顕著な成長障害が認められたと報告している。戸松ほか（2005）は男児（3～7歳、平均年齢5.6歳）の気質として、新奇な人や物、場面に対して回避的で慣れるのに時間がかかり、社会的に好ましい方向に変化しにくい傾向があると指摘し、田中ほか（2006）は被虐待児群は他の児に比べて「身辺自立」、「自己統制」、「社会生活指数」、「指示に従う能力」、「協調性」、「注意力」に関するスコアの低さを報告している。

　その一方で、徳田ほか（2003）は児童養護施設入所後、成長ホルモン治療に対する反応は良好ではなかったものの、親子分離により一切治療をせずに身長の増加が認められ、その後自宅での生活に戻った例を報告し、井上（2011）は適切なケアにより、生活習慣に改善が認められたと指摘している。すなわち、乳幼児期、児童期における養育環境の不良は、児童の心身に負の影響を与える可能性があるが、それは不可逆性ではなく、その後の児童へのかかわりによって、可逆的に良い方向へ移行しえることが指摘できる。

3．地域社会および世代間交流への期待

　こうしたことから、児童養護施設入所児童に対する施設内外からのより多くの積極的な養護・生活支援、地域社会との有機的な連携が期待されている（図3）。一方、わが国は世界に例をみない速さで高齢化が進んでおり、高齢

図3　地域社会および世代間交流への期待

者の心身の健康をいかにして保ち増進させるかが課題となっている（内閣府 2012）。健康寿命の伸びを目的として、要介護化を防ぐ施策が進められている一方で、元気で活発な生活を送る高齢者が数多くみられ、高齢者が生きがいを持って働き、活動できる場の創造がますます重要視されている。

4．児童養護施設入所児童と高齢者との世代間交流

　筆者らは社会的に養護を必要とする児童養護施設入所児童へのかかわり、および社会において自らの能力を最大限に発揮したいと願う高齢者が増えている中、その参加の場・自己実現の場を創り出すといった両方の課題に対するアプローチとして、入所児童と高齢者の間の世代間交流を企画し、その交流効果について調査研究をおこなっている（内田ほか 2013）。

　これまでにおこなわれている研究をみると、小学生、中学生と高齢者の間の世代間交流について綿密に論じた研究（中谷 1991、中野ほか 1994、藤原ほか 2007、村山 2009、草野ほか 2010、安永ほか 2012）はみられるが、児童養護施設に入所する児童を対象とした研究はみられない。

　ここでは高齢者による自然体験活動支援プログラムが児童の高齢者イメージに及ぼす影響について検討を試みたので報告したい。自然体験活動を世代間交流プログラムとして選んだ理由は、近年、子どもの心身の健やかな成長と発達、健全な青少年育成をめざして、学校教育に自然体験活動を導入する試みが活発化しており（内閣府 b 2011）、また同活動が高齢者にとって適度な身体活動の場になりえると考えたためである。

(1) 研究参加者とプログラムの内容

　研究参加者として、兵庫県 A 市の A 児童養護施設に入所する小学校 4 年生から 6 年生までの児童 14 名（男子 8 名、女子 6 名）と比較するグループとして同市内の A 小学校 5・6 年生 116 名（男子 60 名、女子 56 名）を選んだ。高齢者は同市に在住し、4 年間にわたる小学生への教育支援活動経験を有する男性 2 名（72 歳と 77 歳）であった。調査は 2011（平成 23）年 11 月初旬に 1 回実施された。

　活動場所は同市東部に整備された里山「大釜こどもの王国」であった。「大釜こどもの王国」は、過疎地を利用して NPO 法人はりまキッズランドにより設立された里山である。同法人は産学連携事業の一つとして、兵庫県 A 市を中心とする会社経営者、医師、弁護士、宮司、自治会関係者、教育関係者などの個人・法人・団体によって組織・運営されている。同里山において、午前 9 時から 12 時まで（3 時間）、「遊び」「季節見つけ」「スケッチ」「自然散策」ほかの自然体験活動支援プログラム（以下プログラム）を実施した。

　プログラムの具体的な内容は、「遊び」が里山での追いかけっこ、ターザンロープ乗り、平均台（高さ約 20cm）上でのジャンケン遊びほか、「季節見つけ」は枯れ葉・枯れ枝、どんぐりなどの収集、「スケッチ」が里山の風景や枯れ葉・枯れ枝、どんぐりの描写であった。「自然散策」は里山周辺の野生の木々、小川、農業用ため池ほかを散策した。すべてのプログラムに高齢者 2 名が参加し、入所児童に対する活動支援をおこなった。

(2) 調査内容

　児童に対しては「年齢」「性別」「学年」「高齢者に対するイメージ（中野 1991、中野ほか 1994）」「感想」、高齢者に対しては、「プログラム実施後の感想・気づき」について、個別インタビューを実施した。高齢者に対するイメージは Semantic Differential（以下 SD）法による尺度（中野 1991、中野ほか 1994）を用いた。その際、調査項目として藤原ほか（2007）の先行研究を参考にして、7 項目「温かい－冷たい」「正しい－正しくない」「話しやすい－話しにくい」

写真1　自然散策の様子

写真2　里山の様子

「忙しそうな−ひまそうな」「はやい−おそい」「大きい−小さい」「強い−弱い」を選択した。また比較グループのA小学校長からの助言をもとに「親切−不親切」「やさしい−こわい」「頼りがいがある−頼れない」の3項目を追加した。対極の形容詞語対XとYについて、いずれが高齢者のイメージとしてあてはまるか、5件法で回答を求め、5点から1点を与え、3点を中立点とした。各項目の得点が高いほど一般的に肯定的なイメージを表す。高齢者イメージ7項目は、藤原ほか（2007）の研究に準拠し、「温かい−冷たい」「正しい−正しくない」「話しやすい−話しにくい」を評価性因子、「忙しそうな−ひまそうな」「はやい−おそい」「大きい−小さい」「強い−弱い」を活動性・力量性因子として区分した。これら因子は「評価性因子」が高齢者の道徳的・倫理的側面、「活動性・力量性因子」は高齢者の力強さや活動性を評価する因子として位置づけられる。

(3) 調査の結果

研究参加者の平均年齢は、入所児童グループが11.1 ± 0.9歳、比較グループは11.4 ± 0.6歳であり、両グループ間に有意な差はみられなかった。学年の人数割合、性別割合も両グループ間に有意な差はみられなかった。地域の高齢者との交流頻度は小学校では同程度であり、入所児童グループにおける施設での交流機会はなかった。

入所児童グループと比較グループの間における高齢者イメージ得点の比較、および入所児童グループにおける自然体験活動プログラム前後の高齢者イメージ得点の変化は表2に示すとおりであった。プログラムの前後で、入所児童グループにおける高齢者イメージ得点を比較したところ、プログラム後に「強い」「や

写真3　スケッチの様子

さしい」「頼りがいがある」の各得点が有意に高くなっていた（各 $P<0.05$）。その一方で、「温かい」「正しい」「話しやすい」「忙しそう」「はやい」「大きい」「親切」の各得点に有意な変化はみられなかった。プログラムについての感想として、児童からは「楽しかった」「植物のなまえをすぐに教えてくれた」「うれしかった」「一緒に遊んでくれた」「質問にすぐに答えてくれた」、高齢者からは「とても貴重な経験であった」「また参加したい」「人なつっこい」「素直」「自分で何かをしようとしている」との回答がみられた。

(4) 世代間交流の効果

入所児童グループにおいて、プログラム後に「強い」「やさしい」「頼りがいがある」の各得点が有意に高くなっていた。これまでの研究をみると、中谷（1991）は、高齢者との交流が多い児童ほど肯定的な老人観を抱くようになることを明らかにしており、中野ほか（1994）は学年と祖父母との過去の交流経験が高齢者に対する肯定的なイメージに影響を及ぼすことを報告している。藤原ほか（2007）は、高齢者による絵本の読み聞かせボランティアの1年間の活動によって、短時間であっても頻回に読み聞かせを経験した小学生においては高齢者に対する情緒的イメージが維持される可能性があることを指摘している。

本研究においても、高齢者による自然体験活動支援が参加した入所児童の高齢者の「強い」「やさしい」「頼りがいがある」といった各種イメージ得点を向

表2 児童養護施設入所児童群と対照群の間における高齢者イメージ得点の比較、および児童養護施設入所児童群におけるプログラム前後の高齢者イメージと得点の変化

	調査項目	児童養護施設入所児童群 (n=14)		対照群 (n=116)	プログラム前後の比較#	児童養護施設入所児童群のプログラム前と対照群との比較#
		プログラム前	プログラム後			
評価因子	温かい、1-5点	4.0 ± 1.2	4.5 ± 0.8	4.2 ± 0.9	0.131	0.517
	正しい、1-5点	3.7 ± 1.1	3.9 ± 1.2	2.3 ± 1.0	0.426	0.001
	話しやすい、1-5点	3.4 ± 0.9	3.6 ± 1.2	2.7 ± 1.3	0.336	0.072
活動性・力量性因子	忙しそう、1-5点	2.7 ± 1.1	3.0 ± 1.2	2.3 ± 1.1	0.104	0.239
	はやい、1-5点	2.2 ± 0.9	2.5 ± 1.2	2.2 ± 0.9	0.218	0.818
	大きい、1-5点	3.1 ± 1.1	3.1 ± 1.1	2.6 ± 1.0	0.745	0.100
	強い、1-5点	2.1 ± 0.8	3.0 ± 1.2	2.4 ± 1.0	0.021	0.226
	親切である、1-5点	3.9 ± 1.4	4.2 ± 1.1	4.3 ± 1.1	0.218	0.379
	やさしい、1-5点	3.8 ± 1.2	4.4 ± 0.8	4.0 ± 1.1	0.040	0.596
	頼りがいがある、1-5点	3.3 ± 1.0	3.9 ± 1.1	3.5 ± 1.2	0.040	0.482

#：プログラム前後の平均値の比較は対応ありのStudent's t-test、児童養護施設入所児童群のプログラム前と対照群との間の平均値の比較は対応なしのStudent's t-testを用いた。
(内田勇人ほか。高齢者による自然体験活動支援が児童養護施設入所児童の高齢者イメージに及ぼす影響、日本世代間交流学会誌、3(1)、11-18、2013)

上させており、高齢者との交流を通して児童の内面に高齢者に対する肯定的なイメージが創り出された可能性が示唆された。

　自然散策においては周辺の山林を歩きながら、草木の名前や自生する木の実が食べられるかどうかといった質疑応答がなされ、高齢者により適宜、実際に葉や幹、実を示しながら説明がなされた。こうした里山での遊戯や自然体験をともなう交流が、入所児童の高齢者に対する「活動性・力量性因子」に対するイメージを向上させたと思われる。またプログラム全体を通して、高齢者から入所児童へ里山での活動の安全面にかんする声かけや活動支援・補助、見守りがなされていた。こうしたかかわりの中で、高齢者に対して「やさしさ」や「頼りがい」といった感情を高めていったのでないかと考えられる。

5．今後の展開

　高齢者による自然体験活動支援プログラムの実施が、児童養護施設入所児童の高齢者イメージを向上させることがわかった。両者に対するインタビュー結果からも、プログラム実施の有効性が示唆された。

　今後、高齢者による入所児童に対する定期的な学習支援活動等を予定しており、高齢者と児童との間における種々のプログラムの交流効果について明らかにしていきたいと考える。入所児童の養育事情、および心身の状態に最大限の配慮をはらいつつ、自己効力感や精神的健康度、対人関係といった心理社会的側面に関する検討もおこない、高齢者ボランティアによる養護支援が入所児童の心身の機能、生活の向上に及ぼす影響について研究を進めていきたい。

　児童のより良い生活環境の創出にあたり、地域住民や地域社会が果たす役割はますます大きくなると考えられる。社会的養護の質と量の拡充と社会的関心の高まりが、よりいっそう求められると思われる。

引用・参考文献

厚生労働省「社会的養護」（2014年、http://www.mhlw.go.jp/stf/seisakunitsuite/bunya/kodomo/kodomo_kosodate/syakaiteki_yougo/index.html）
内閣府 a『平成23年版子ども・若者白書』佐伯印刷、2011年
徳田正邦、山田勝彦、風川美重、森田利江、玉井浩「愛情遮断症候群により著明な低身長を呈した1女児例」『小児科臨床』56巻1号、2003年、115-120頁
吉田敏子「児童養護施設入所児の身長発育に関する研究　心理的、社会的背景の身長発育に与える影響」『小児保健研究』70巻4号、2011年、523-528頁
戸松玲子、岡田由香、稲垣由子、小林登「児童養護施設で生活する子どもの気質研究　3～7歳児を中心として」『小児保健研究』64巻1号、2005年、18-25頁
田中陽子、長友真実、前田直樹、栗山和広、高山巌「児童養護施設における被虐待児への心理的ケアに関する研究（2）」『九州保健福祉大学研究紀要』7巻、2006年、103-112頁
井上知美「児童虐待を受け児童養護施設に入所した子どもへのセルフケアを基盤とした生活援助」『日本小児看護学会誌』20巻3号、2011年、67-73頁
内閣府『平成24年版高齢社会白書』通販印刷、2012年

内田勇人、藤原佳典、西垣利男、香川雅春、江口善章、藤井明美、吉田隆三、作田はるみ、木宮高代、濱口郁枝、東根裕子、平尾浩子、山本　存、矢野真理、松浦伸郎「高齢者による自然体験活動支援が児童養護施設入所児童の高齢者イメージに及ぼす影響」『日本世代間交流学会誌』3巻1号、2013年、11-18頁

中谷陽明「児童の老人観－老人観スケールによる測定と要因分析」『社会老年学』34巻、1991年、13-21頁

中野いく子「児童の老人イメージ―SD法による測定と要因分析」『社会老年学』34巻、1991年、23-36頁

中野いく子、冷水豊、中谷陽明、馬場純子「小学生と中学生の老人イメージ―SD法による測定と比較―」『社会老年学』39巻、1994年、11-22頁

藤原佳典、渡辺直紀、西真理子、李相侖、大場宏美、吉田裕人、佐久間尚子、深谷太郎、小宇佐陽子、井上かず子、天野秀紀、内田勇人、角野文彦、新開省二「児童の高齢者イメージに影響をおよぼす要因」『日本公衆衛生雑誌』54巻9号、2007年、615-623頁

村山陽「高齢者との交流が子どもに及ぼす影響」『社会心理学研究』34巻、2009年、11-22頁

草野篤子、金田利子、藤原佳典、間野百子、柿沼幸雄『世代間交流学の創造―無縁社会から多世代間交流型社会実現のために』あけび書房、2010年

安永正史、村山陽、竹内瑠美、大場宏美、野中久美子、西真理子、草野篤子、藤原佳典「中学生の高齢者イメージに与える高齢者ボランティア活動の影響―SD法による測定と横断分析―」『日本世代間交流学会誌』2巻1号、2012年、79-87頁

内閣府b『平成23年版子ども・子育て白書』勝美印刷、2011年

第3章 高齢者福祉施設における世代間交流を生み出すハードとソフトのデザイン

片山 めぐみ

　筆者は、建築計画学と環境心理学をバックグラウンドとしてコミュニティデザインを手がけている。最近よく耳にするのが、世代間交流の重要性が認識されつつも、実現するのは困難であるという声である。特に興味や活動量が異なる高齢者と子どもの場合は、交流を仕掛けることに大変苦労する。本章では、高齢者が日常的に居住もしくはデイサービスなどで通所している福祉施設において、子どもとの自然発生交流を生み出すためのソフトとハードのデザインについて紹介する。

1．社会福祉法人健康園による「昭和の路地裏作戦」

(1) 背景

　昨今、老人福祉施設と保育園などを合築する幼老複合施設の開設が試みられている。施設の組み合わせはさまざまであり、特別養護老人ホームやグループホーム、デイサービスセンター、老人センター、保育園、幼稚園、児童館、学童保育施設、育児センターなどがある。交流の成果や効果的な運営手法についての事例も研究されており、施設側が決まった場所と時間で交流を企画する「計画交流」に対して、高齢者と子どもが好きな時に互いの場所を訪問して、もしくは共有スペースにて交流するという意味の「自然発生交流」の重要性が指摘されている[1)2)3)]。しかし、開設のねらいとは裏腹に、興味も活動量も異なる両者を共在させることは難しいといった現場の声も少なくない。筆者がおこなった幼老複合施設のスタッフや運営者を対象としたヒアリングでは、高齢者と子どもとの日常的な自然発生交流の妨げと感じる問題点について以下のような回答が得られた。1つめに、互いの施設訪問は職員がつかなければならない

ので自由な行き来は無理であるといったスタッフ配置の問題。2つめに、認知症の高齢者とは積極的な交流は望めないので、デイサービスの高齢者にゲームの相手をしてもらっている。高齢者と同じ場所で子どもに遊ばれては危険が伴うので、自由に行き来する運用は想像できないといった適切な交流企画の問題。3つめに、行政から委託された異なる法人がそれぞれの施設を運営しているため、連携が難しいといった組織の問題である。

(2) 調査対象施設の概要

交流拠点を実際につくろうとする際、具体的な風景を思い描くのが大変重要である。京都市桃山にある「高齢者福祉総合施設ももやま」と「ももやま児童館」を運営する社会福祉法人健康園は、昭和の路地裏を具体的な交流のイメージとして設定し、施設計画からさまざまな交流の仕掛けをほどこしてきた。筆者らはこの施設の交流実態を明らかにするためにヒアリング調査および行動観察調査をおこなった。

当該施設は、1階にデイサービスセンターと児童館、玄関、「よりみち」と称される共有スペース（レストラン、カフェ、サロン）、多目的スペースがある（図1）。2～3階には特別養護老人ホームがあり、感染症などの危険がなければ誰でも自由に建物内を行き来できる。そして、さまざまな主体の共生を目指す法人のコンセプトとして「昭和の路地裏作戦」というものがある。その名の通り、一昔前の路地裏で繰り広げられていたような、多世代の生活シーンを創出するねらいをもつ。中央廊下を路地裏、「よりみち」を空き地のように位置付けるとともに、住民ボランティアも巻き込みながら地域ケアコミュニティの場を形成しようとしてきた。すべての来館者は、共通玄関から入って中央廊下を通る。その際、玄関脇で業務をおこなうスタッフやボランティアから必ず声をかけられるしくみになっている。廊下には歩行補助器具や車椅子などが並べられており、高齢者が運動のために廊下を歩いたり、ソファで休憩できるようになっている（図1の写真1、6）。

施設全体における子どもと高齢者の計画交流は以下のような内容である。特

別養護老人ホームでは一緒におやつを食べたり、ゲームをしたり、テレビを見たり、宿題をすることが毎日の日課となっている。入所者のなかには、簡単な算数や書き取りを教えることを楽しみにしている方がいるとのことであった。学童の子ども達はデイサービス利用者に、毎日、ただいまの挨拶をする。

　施設スタッフによると、子どもと高齢者が日常の中で居合わせることが最も重要なことであり、会話や共同作業だけが交流とは考えていないとのことであった。こういったゆるやかな交流を発生させるには、交流プログラムと組織同士の連携に長年積み重ねてきたノウハウがある。組織同士の連携については、以下の4点があげられる。1つめに、活動プログラムはデイサービスおよび児童館、「よりみち」でそれぞれ企画されており同時に開催されている。子どもも高齢者も、いずれに参加するか選ぶことができる。2つめに、高齢者を自由に行き来させても「よりみち」にスタッフがいるため、万が一施設外に出た際に気付いてもらえるという安心感がある。3つめに、年間計画はすべて埋めず、突発的なイベントを実行できるようにしている。住民ボランティアが子どものために企画するものなど、すぐに実現できる余地のあることが場の活性につながる。4つめに、児童館の行事をなるべく「よりみち」でおこなうようにしている。乳幼児のお店屋さんごっこなどをやっていると、高齢者がじっと観察していて、やがて参加してくることがよくある。

　ハードの仕掛けとして、共有スペースと廊下、玄関周辺の環境づくりを重視している。スタッフスペースのパーティションを低くしてスタッフが空間全体を視認できるようにしたり、金魚鉢や作品展示など利用者が廊下に立ち止まる要素を設置した。また、テレビの周辺に畳やソファを設置することによって目的なくごろごろできるようにしたり、可動式家具を採用することによって活動目的に合わせてスペースをしつらえられるようにした。また、複数ある玄関も中央玄関に利用を統一している。

　筆者らによる観察調査は、2012年3月21日〜23日、2013年3月22日〜24日、いずれも10:00〜17:00の時間帯に行い、計6日間（42時間）分のデータを取得した。調査員2名が「よりみち」で対象者の行動を観察し、5分おき

写真1 中央廊下に設置された休憩スペース
写真2 「よりみち」食堂・カフェ・サロンなどの共有スペース
写真3 カフェスペース
写真4 多目的スペース
写真5 玄関脇のスタッフルーム
写真6 廊下には各種補講器具や車椅子が並べられている

図1 「高齢者福祉総合施設ももやま」と「ももやま児童館」の施設概要

に行動の種類と滞在場所を平面図に記録した。

(3) 観察調査の結果

昭和の路地裏にはどのような行動が展開されているのだろうか。子どもについては、ソファ・畳でごろごろする(14%)、移動(13%)、将棋(13%)、かくれんぼ(12%)、オセロ(12%)、テレビ視聴(11%)、剣玉(10%)、折り紙(9%)、一輪車(7%)が主な行動であった。昔ながらの遊びが多く、高齢者にとってなじみのある情景が繰り広げられていることになる。テレビ視聴は、調査期間中に高校野球中継があったため、子どもと高齢者に共通の話題を与えていた。また、児童館指導員や高齢者から叱られている子どもを見ることもあった。高齢者については、散歩(21%)、休憩(13%)が主な行動であった。

「よりみち」に滞在している割合は、子どもが66%、高齢者が73%、スタッフおよびボランティアスタッフが72%(カフェおよびスタッフスペースを除く)であった。自然発生交流に注目すると、子どもが高齢者もしくは高齢のボランティアスタッフと何らかの関わりをもった行動は調査時間中の45%、場面としては22シーンを数えた。

関わりが発生した詳しい状況を表1に整理する。高齢者から関わりのきっかけをつくったのは14シーン、子どもからきっかけをつくったのは9シーンだったほか、高齢者イベントに子どもが参加した2シーンがあった。全体として、「Ⅰ.子どもの遊びの仕掛けがある姿が見える」および「Ⅱ.動的遊びを許容する広いスペースがある」といった空間のつくりと、「Ⅲ.高齢者の運動・休憩、食事の場所がある」ことによって多くの自然交流シーンが発生していることがわかる。なかでも、剣玉やこま回し、一輪車などは、昔の路地裏で見られた遊びであるが、他施設から見れば事故が発生しかねない危険な行動に映るだろう。当該児童館は体育館をもたないが、なぜサロンスペースに思い切って動的遊びを許容できるのかという点については、「Ⅳ.ボランティアスタッフなどの作業場でもある」ことや「Ⅴ.安全性を監督し安心を与えるスタッフの配置」によって、常に大人の目があることが運営の工夫としてあげられる（シーン9、19、22、23）。路地裏に隣接するカフェには、高齢者ボランティアが常駐し、飲食のサービスを提供するほか、路地裏全体の監督を担っている。また、常駐するスタッフが、高齢者と子どもの信頼できる話し相手となって、時に両者の交流を媒介する役割を担う（シーン14）。さらには、「Ⅵ.顔見知りの関係を醸成するプログラムがある」ことで、××さんに会いに行こうといった、交流自体が上位レベルの目的のコミュニケーションが促される（シーン1、5）。最後に、この施設に特徴的なのが、子どもに参加を強制するようなイベントがないことである。イベントの参加は自由であり、映画会は見飽きた子どもが席を立っていたが、コンサートでは高齢者に混じって参加していたり、折り紙をしながら一緒に歌ったり体を動かしたりしている子どもがいた（シーン12、13）。これは、「Ⅶ.子どもと高齢者に共通の興味をひくイベントが開催される」にあたる。

　自然発生交流を促進する要素は分かったが、次にどういった空間構成および家具配置に配慮するべきか。図2は各シーンがどのような物理的状況で発生したのかを示している。壁際に椅子が並べられた、幅3メートルほどの中央廊下は、高齢者が自分のペースで運動や休憩をしながら子どもの姿に目をやり、気が向けば声をかけるという一連の行動を促す仕掛けとして機能していることが分か

表1 自然交流シーンの内容と行動を促すハード・ソフトの仕掛け

	シーン番号	自然交流の内容	I 子どもの遊びの仕掛けがある・姿が見える	II 動的遊びを許容する広いスペースがある	III 高齢者の運動・休憩・食事の場所がある	IV ボランティアなどの作業場でもある	V 安全性を監督し安心を与えるスタッフの配置	VI 顔見知りの関係を醸成する計画交流プログラムがある	VII 子どもと高齢者に共通の興味をひくイベントが開催される
高齢者から子どもへのはたらきかけ	4	廊下を散歩中の高齢者がギターをひく子どもを褒める	○		○				
	5	子ども達に書道を教えている高齢者が卒業の祝辞を伝えに児童館を訪れる						○	
	6	保育ボランティアで来館した高齢者が折り紙を教える				○			
	7	廊下で休憩中の高齢者がピアノを弾く子どもをしばらく見ていた後、近付いて一緒に弾く	○		○				
	8	廊下で遊ぶ子どもに休憩中のおばあちゃんが声をかける	○		○				
	9	バスを待つデイサービスの高齢者がこま回しをする子ども達を見ていて話しかける	○	○	○				
	16	高校野球を観戦中の子ども達の輪に高齢者が加わって、会話しながら一緒に観戦			○				
	17	子ども達とカフェマスターが高校野球を観戦。高齢者が何度もTVの方へ歩み寄って会話する			○	○			
	18	子ども達のオセロにおばあちゃんが加わる			○				
	19	子どもが一輪車で転んで高齢者に声をかけられる	○	○					
	20	散歩中の高齢者が子ども達をじっと見ていて話しかける	○	○					
	21	カフェマスターに話しかけられながら、子ども達が一輪車でカフェカウンターとテーブルを行き来する		○		○			
	22	一輪車を乗る子ども達に話しかけてきた車椅子の高齢者の周囲を子ども達がぐるぐる回る		○			○		
	23	剣玉で遊ぶ子ども達を見ていた高齢者が自分も剣玉を披露	○		○				
子どもから高齢者へのはたらきかけ	1	上階の特別養護老人ホームに子ども2人が手押し車を押しながら遊びに行く			○				
	2	昼食中の高齢者に子どもが話しかける			○				
	3	高校生と高齢者との将棋の対戦を子どもが眺めながら会話する	○						
	10	デイサービスの高齢者に「ただいま」の挨拶をしにいく			○				
	11	散歩中の高齢者に子どもが話しかける				○			
	14	子ども達が高齢者とスタッフの会話に入って一緒におしゃべりを始める					○		
	15	ボランティアスタッフの生け花を子ども達が手伝う				○			
	24	コーヒーを飲んでいた高齢者達に子どもが話しかける			○				
高齢者イベントへの自由参加	12	高齢者に混じって子ども2人がコンサートに参加。ほかの子どもは折り紙をしながら一緒に歌ったり体を動かしたりしている							○
	13	高齢者のコンサートを眺めながら、将棋やオセロをしたり、まんがを読んで一緒に歌う							○

シーン8

シーン16

シーン22

シーン18

シーン23

———— 高齢者から子どもへのはたらきかけで起こったシーン ————

シーン14

シーン10

シーン11

シーン15

———— 子どもから高齢者へのはたらきかけで起こったシーン ————

シーン12

———— 高齢者イベントへの自由参加 ————

写真 主な自然交流シーンの様子

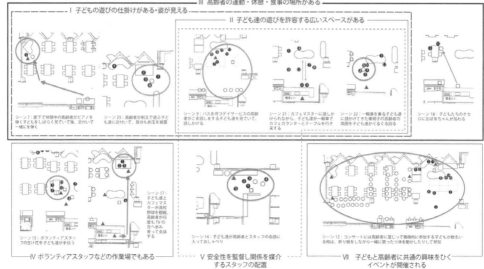

図2　主な自然発生交流シーンの物理的状況

る（シーン7、23、9、22、18）。そして、中央廊下に接してスタッフルームやカフェがあることで、見守り・監督が保たれているとともに、子どもとボランティアスタッフの交流や、スタッフを介した子どもと高齢者との交流が促進されている（シーン21、17、14）。また、可動式家具によってさまざまな活動を取り込んでいる点も重要であり、テーブルを片付けてつくられたコンサート会場の傍らで子ども達が折り紙遊びをしている様子が印象的であった（シーン12）。

(4) 世代間交流の効果

児童館を以前利用していた中学生と高校生6名（男子3名、女子3名）にヒアリングをおこなった。高齢者との交流で記憶に残っていることとして、「剣玉やこま、将棋で遊んでもらったことが楽しかった」、「すごく上手だった」といった遊びの記憶のほか、「（認知症の）高齢者との話し方が分かった。友達同士や他の大人とも違うけど、話し方を工夫するときちんと理解してもらえた」、「高齢者にうるさいと叱られ、友人が泣いて帰ってくることもあった」といった遊びを介した交流や認知症の人との関わりについてあげている。また、「救急車が来て運ばれていく高齢者を見た」、「ご遺体を見たときに静かに手を合わ

せることを教えてもらった」という経験談からは、人の死に接する際の気遣いを養うきっかけとなっていることが分かる。

児童館および交流スタッフのヒアリングからは、ここでは子どもに対して大人がナイーブになりすぎない状況がある。特別養護老人ホームで宿題をしたり遊んだりしているうちに、子ども達は、認知症の高齢者の行動特性が理解できるようになる。不自由さや認知症という現実を、理屈抜きで受け止める環境になっており、子ども達の福祉的センスを養う場ができていると感じるとのことであった。子育て支援参加者の母親が連れて来ていた乳幼児が成長して、ボランティアに参加してくることもある。また、高校生を対象とする赤ちゃんとのふれ合い事業の参加者が、いまは同僚（児童館指導員）として働いている。10年経過してその成果が感じられるようになってきたとのことであった。

(5) 考察

以上の分析より、高齢者と子どもとの関わり方には交流の幅があることが分かる。同じ空間に居る、顔を合わせる、挨拶する、会話する、共に参加する、遊ぶ、会いに行くなどコミュニケーションのレベルはさまざまである。上位の関わりを生むためには、弱い関わりを重ねていって親密さを醸成させるという考え方が必要である。同じ空間に居る、顔を合わせるといった弱い関わりは、それ自体が主体にとっての目的ではないため、そういった行動が促される仕掛けをほどこす必要がある。ハード面では、玄関をひとつにする、居間のように使用できる共有スペースを備える、別の行為をしていても互いの存在が確認できるなどといった空間づくりや家具配置が仕掛けとなる。ソフト面では、両者が自由に共在できるよう、スタッフが見守れる組織体勢が仕掛けとなる。会話する、遊ぶ、会いに行くなどといった強い関わり（それ自体が主体にとっての目的となる行為）は、スタッフが仲介役となって両者の興味が重なるコトやモノを仕掛ける必要があることが具体的に理解できた。

最後に複合の組み合わせについて検討する。幼老複合施設には保育園との合築が多く試みられているが、子ども達が短期間で卒園してしまうことや、年齢

的に福祉を体験したり学んだりするには理解度や交流の幅において限界がある。この点において、本研究が注目する居住系老人福祉施設と児童館の組み合わせは、個人と個人の長期的・固定的な関係醸成が期待できると考えられる。

2．コミュニティ・レストランが育む世代間交流の輪

(1) 北海道寿都町における「風のごはんや」の取り組み

　寿都町は、北海道西岸に位置する漁業を基幹産業とする人口約3,000人の町である。筆者らは、2010年より町のニーズや資源を明らかにした上で活性化につなげるプロジェクトに取組んできた。その一環として、コミュニティ・レストラン（以下、コミレスと称する）を提案した。食によるビジネス提案だけでなく、地域起こしを担うコミュニティを創出するためのプラットフォームとして機能するのではないかと考えた。設置場所は、グループホームおよびデイサービスセンター、高齢者専用賃貸住宅、社会福祉協議会事務所を併設する地域密着型サービスセンター内で、提案時に旧道立病院を改修して建設中であった。

　コミレスを計画する際には、ハードとソフトの仕掛けを同時に検討した。設計担当者が利用者の行動をイメージして図面を作成できるよう、「行動マッピング」を用いてコンセプトを作成した（図3）。施設に入ってすぐのホールにコミレスを設置することとし、スタッフが来館者に気付いてすぐに声をかけられるようなキッチンの場所や、小さな子どもを連れた家族などが座って食事できる場所、下校時に子どもが立ち寄って宿題をしたり遊んだりできる場所、イベント開催時のステージに利用できるような小上がりスペースなどの組み合わせを複数パターン用意して関係者と検討し、完成予想図を描いた。

　任意団体が運営することとなり、スタッフによって「風のごはんや」と命名された。週1回（月曜日11：00～14：00）の開店とし、ワンディ・シェフ方式を採用して毎回異なるスタッフがキッチンに立ち、ボランティアが配膳や会計のサポートを担う。地元で収穫された素材を使った定食を500円（原価率50％）で提供することとし、2012年6月にオープンした（図4）[4)5)6)]。

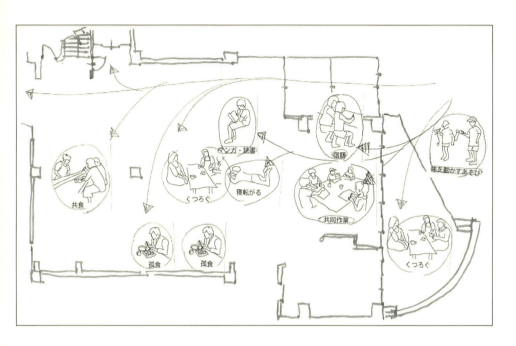

図3　行動マッピングと完成予想図

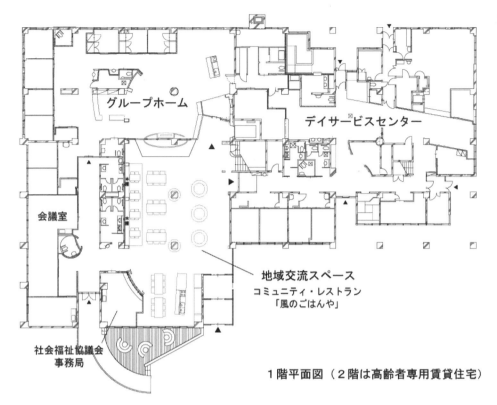

図4 「風のごはんや」のある寿都町地域密着型サービスセンター施設概要

(2) 世代間交流の仕掛け

　オープン当初に想定していた利用者数は一日30人程度、主な利用対象は高齢者としていた。しかし実際は、一日の利用者が50～100人となり、年齢に偏りなく幅広い層が来店するようになった（図5）。高齢者については、在宅の方々をはじめ、施設内の高齢者専用賃貸住宅の居住者やデイサービス、グループホーム利用者も食事やイベント参加で来店している。子どもについては、子育て中の若い母親や家族での利用が多いため、未就学児の存在が特徴となっている。また、地元高校のボランティア部生徒達の協力も10代の利用者獲得につながった。スタッフの子ども達が接客や皿洗いを手伝う様子も見られる。9割以上が30分以上滞在しており、食事後も会話を楽しんだり、子ども達を遊

第3章　高齢者福祉施設における世代間交流を生み出すハードとソフトのデザイン　37

写真　世代間交流の様子

ばせたりしている。毎回、食後に赤ちゃんをだっこしたり、話しかけにいったりする高齢者の様子が見られる。子どももレストラン内を自由に走り回りながら、他のテーブルに立ち寄って挨拶をしたりちょっかいをかけたりする姿が微笑ましい。

アンケート調査の結果から、来店理由は、値段が安い（77％）、メニューや栄養バランスなどの食事内容が良い（77％）のほかに、子どもや若者、高齢者などあらゆる世代が集まっていて楽しい（32％）、誰かに会える（29％）、ほどよい人間関係が築ける（23％）といった回答が多い（図6）。アンケートの自由記述欄には、「いつも赤ちゃんをだっこさせてもらう」「子どもを安心して座らせられる座卓があってうれしい」といった感想が見られた。

(3)「思い出のファッションショー」の企画

コミレス設置によって、定期的に町民が顔を合わせる場ができたといえる。この状況を利用し、さらに利用者同士の関係を深めることを目的に、定期的に食後のイベントを企画している。「思い出のファッションショー」は札幌市立大学のデザイン学部と看護学部の学生達が、世代間交流のために生み出した企画である。高齢者が思い出のある古着を持ち寄り、若者に対して洋服や着物を見せながら思い出を語る。若者は対話のなかでエピソードを書き留め、古着を

借りて、ファッションショーのためのコーディネートおよびエピソードをもとにした司会原稿を作成する。ファッションショーでは、古着の持ち主が、現代の流行を取り入れた新しい着方で洋服や着物を身に付け、普段とは異なる姿に変身する。観客を含め、ファッションを通して高齢者と若者が互いの生きた(生きる) 時代と感覚に思いを馳せる効果がある。「風のごはんや」では、老人会と寿都高等学校の生徒、札幌市立大学の学生が中心となって開催された[7]。

開催後にファッションコーディネート集を作成して参加者に配布したほか、来店者が食事をしながら閲覧できるようにした。また、開催の様子は地域のテレビ放送で放送・再放送が繰り替えされ、参加者をはじめ会場にいた観覧者、テレビを見た町民からも大きな反響があり、「また開催してほしい」「次回はモ

写真　「思い出のファッションショー」の様子

第3章　高齢者福祉施設における世代間交流を生み出すハードとソフトのデザイン　39

デルをしたい」といった声や、老人会からは「生き甲斐をありがとう」といった声が寄せられた。

　本企画は、地域回想法にもとづくものである[8]。これは、高齢者にとって楽しい時をともに過ごすなかで人との交流や社会参加がはかられ、結果的にうつや閉じこもり、認知症を予防する。博物館や古民家などの地域で共有された記憶の場を利用することで高齢者の語りを引き出すことをねらった手法もある。しかし、対話相手は高齢者同士や保健師などが一般的である。古着は誰でも持っ

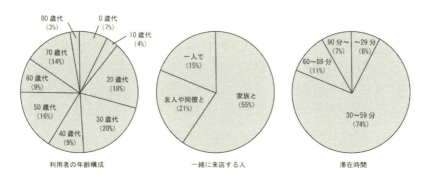

図5　利用者の傾向

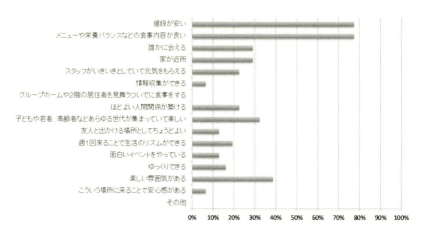

図6　来店理由

ていることやファッションが世代に関係なく興味の対象となりやすいこと、限られた人同士のコミュニケーションがファッションショーによって他の人々にも共有されやすいことが、より身近で効果的な手法であると考えられる。

3．おわりに

「交流しましょう！」という掛け声のもとに集まってくれる人はまれである。交流場所を創出するためには、交流を第1目的としない人々の個別の行動を理解し、どういったきっかけで個別の行動の間に関係性が生まれるかを想定しなくてはならない。具体的な想定のうえにソフトとハードの仕掛けをデザインしていく必要がある。現代社会にはハードのデザイン知識だけでは実現できない命題が多く、世代間交流をはじめ、なんらかのコミュニティをデザインするためには、デザイナーは仕掛人でなければならない。心理学や行動学の理論にもとづいて実践し、実践の結果を次の理論につなげるクリエイティブな作業を蓄積していく多くの仕掛人がさまざまな分野から育つことが期待されている。

引用・参考文献
1）北村安樹子「幼老複合施設における異世代交流の取り組み―福祉社会における幼老共生ケアの可能性」『ライフデザインレポート』第153号、2003年、4-15頁
2）北村安樹子「幼老複合施設における異世代交流の取り組み（2）―通所介護施設と保育園の複合事例を中心に―」『ライフデザインレポート』第165号、2005年、4-15頁
3）多湖光宗監修『少子高齢化も安心！ 幼老統合ケア―"高齢者福祉"と"子育て"をつなぐケアの実践と相乗効果』、黎明書房、2006年
4）片山めぐみ「「食」を中心に地域づくり：寿都町のコミレス「風のごはんや」」、『農家の友』第65巻11号、2013年、64-66頁
5）片山めぐみ「高齢者のための地域コミュニティ」坂倉恵美子編著『雪国における高齢者の居場所づくり』株式会社ワールドプランニング、2014年
6）http://kazegohan.sakura.ne.jp（「風のごはんや」ホームページ）
7）記録動画（YouTube）：https://www.youtube.com/watch?v =FWQWQMeAXQE
8）遠藤英俊監修『地域回想法ハンドブック―地域で実践する介護予防プログラム』河出書房新社、2007年、24頁

第4章　非行少年の更生支援における民間ボランティアの役割
―― BBS 運動の展開に焦点をあてて

間野　百子

1．民間ボランティアによる非行少年の支援活動

　第二次大戦直後のわが国では、生活苦から窃盗や非行行為に走る浮浪児や孤児の急増が、深刻な社会問題となり、さまざまな対策が講じられた。困難に直面している少年を見かねた当時の大学生は浮浪少年を保護する運動を自発的に起こし始めた。さらに文部省は青少年の非行防止対策に着手し、民間人が問題を抱える子どもたちの支援に携わることを鼓舞した。そして法務省は、アメリカの BBBS（Big Brothers/Big Sisters）運動[1]を範として、青年による非行少年の更生支援活動を推進しようとしていた。ここでの BBS 運動とは、「非行に陥り、または非行をするおそれのある少年をよくしようとする青年たちの運動で、このような少年たちのよき友人となり、ある場合には兄や姉の立場に立って、かれらの傷つき、いためつけられた心になぐさめと励ましとをあたえ、かれらに社会生活をつづけるうえでの正しい勇気と力とを育てていこうとする、青年の純粋な気持から発した奉仕運動」[2]を指す。アメリカの BBBS 運動は、20 世紀初頭に組織化され、当時すでに広範な市民運動へと発展していた。

　こうした官民の動向を受けて、戦後のわが国においてもアメリカの BBBS 運動を模範として、非行少年を支援するための青年運動が法務省との連携のもとで創設され、善意の青年が少年の支援活動に携わるようになった。そこには、親族や教師のみならず、地域住民も一体となって可塑性に富む少年の発達を支えていくという理念があり、BBS 運動はその理念を具現化したものである。

　BBS 運動は、非行少年の発達支援の実践として幅広く展開されており、多様化・複雑化する問題を抱える今日の少年の支援対策を考えるうえでも示唆的

である。そこで本章では、非行少年の地域社会内での立ち直りを支えるために、青年主体のボランティア活動が戦後動乱期にどのように組織化され、どのような役割を担ってきたのかについて、BBS運動をとおして明らかにすることを目的とする。

2．戦後動乱期における非行少年対策

(1) 不良少年の社会化の担い手

　明治期中ごろまでの日本では、家庭や地域社会がインフォーマルに統制されていたため、「触法少年」(14歳未満で罪を犯した少年) や「虞犯少年」(罪をおかすおそれのある少年) は、親族間や地域社会内において私的なケアを受けながら立ち直りを図ってきた。民間篤志家たちは、私立感化院 (少年犯罪を懲罰ではなく、感化するという目的をもって設立された施設) を設立し、少年の処遇に当たっていた。1900 (明治33) 年に感化法が制定されると、福祉行政が触法少年や虞犯少年を含む「不良少年」の教育を公的に担い始めたものの、第二次大戦前までは家族が中心となって少年の地域社会内における立ち直りを支えていた。このような家族制度を重んじる姿勢は、感化院やその後の少年教護院においても夫婦小舎制を採用していたことからもみてとれる[3]。

　終戦直後、文部省は浮浪少年や逸脱行動などの青少年問題にGHQ (連合国総司令部) の指導のもと以下の取り組みを始めた。

　第一は、民間人の力を活用するための施策を講じたことである。すなわち文部省は、「児童愛護班活動のように民間の力に頼ることで目下の情勢に対処しよう」としたが、それは、「大人から子どもまで敗戦後の社会を生きる人々のエネルギーに文部省が全面的に期待して、あえて統制色の強い施策をとらなかったことを必ずしも意味するとは限らない。むしろ、戦前のように諸々の社会教育関係団体を活用して強力に統制的指導を行う余地を持っていなかった文部省にとって、青少年不良化防止のための施策を遂行しようにもままならない状況だったと考えられる」[4]。そして文部省は、1946 (昭和21) 年10月7日

に文部次官名で各地方長官宛に「青少年不良化防止について」を通謀し、「青少年不良化防止対策要綱」の実施を指示した。そこでは、「単に『不良行為の取締』に終始することなく、青少年が『自主的』に問題解決できるよう働きかけ、各々の生活集団が『出来得る限り青少年の立場に立って』方途を講ずることが求められた」。こうして文部省の主導により、各班、三名から五名より成る「児童愛護班」が結成され、都市（なかでも戦災都市）において教育者や民間篤志家、とくに師範学校、女子専門学校生徒の「自発的な奮起」が促された[5]。

このように、戦後動乱期の青少年対策では、文部省は青少年、女子生徒、教員などの奉仕精神を鼓舞し、不良少年の支援活動に自発的に関わることを推奨した。さらに法務省関係者は青年の善意を非行少年の保護という形態で活用しようとし、BBS運動はその要として位置づけられたのである。

(2) 新少年法の理念と更生保護制度の設立

第二次大戦の敗戦により、明治憲法の改正に伴う新少年法の草案は、GHQの行政係官に提出され、公安部行政犯の主任B.ルイス博士がアメリカの少年裁判所制度を模範とした改正案を司法省当局に交付した。司法省はGHQの案に修正を施し、1948（昭和23）年7月15日に新少年法が公布され、翌1949年1月から施行された。「新少年法の旧少年法に対する特色の第一は、少年の保護事件について、新憲法の趣旨に則り、人権保障的機能を一層推し進めたことであり、第二は、少年の保護事件について、教育主義の基本理念をより完全に貫いたことである」[6]と評価されている。

人権尊重をうたう新憲法の理念は、新少年法にもとづいて制定された、更生保護制度のなかで以下のように具現化された。

第一は、社会内処遇の重視である。犯罪者予防更生法第一条では、犯罪者自身の主体的な社会復帰を原則とし、その手段として「更生の措置」たる保護観察を規定し、特に非行少年に対してはケースワーク的・福祉的支援を展開することとした。

第二に、非行少年の処遇における国家権力を分化した点である。すなわち少

年の更生は、児童福祉行政（厚労省）と少年保護司法（法務省）に所管の手続きを分化して図られることになったのである。

そして第三は、個別支援を充実させるための「官民協働態勢」の導入である。官民協働態勢では、常勤の国家公務員である、保護観察官の指導のもと、民間篤志家の保護司、更生保護女性会、そしてBBS会の会員がネットワークを図りながら少年一人ひとりの課題にそくした支援を行うことを目的としている[7]。

新少年法の理念を活かした保護観察制度では、保護観察中の非行少年の「社会化のプロセス」[8]に保護司、BBS会員[9]などの民間ボランティアが更生支援の担い手として多大な役割を果たすこととなる。非行を犯し、問題を抱えている少年の立ち直りに民間人が付き添いながら地域社会内で彼（女）らの立ち直りを支えていくという、少年の福祉を重視した制度は革新的だったといえる。

3．更生保護制度における民間ボランティア（BBS会）の役割

2では、戦後の動乱期に文部省が非行少年対策において民間人の奉仕精神を鼓舞する施策を推進してきたこと、非行少年の保護を目的とする青年運動が芽生え始めたこと、1949（昭和24）年に成立した犯罪者予防更生法のもとで官民協働態勢が導入され、保護司や更生保護女性会会員、BBS会員などの民間人が更生支援の担い手として非行少年の社会内処遇に関わる体制が整備されたことについて検討してきた。

保護観察官の指導のもと、保護司、更生保護女性会員、BBS会員という、それぞれの組織の設立経緯が異なり、会員の属性も多様性に富む民間人が非行少年のケアに協働で関わる制度は世界にも例がなく、再犯率の低さを鑑みると、日本独自の更生保護体制は一定の成果をあげてきたと評価できる[10]。

そこで3では、非行少年の立ち直りを支える民間ボランティア団体の一翼を担うBBS会の設立に至る経緯とBBS運動の日本における展開に焦点をあてて検討してみよう。

(1) 京都少年保護学生連盟の創設

「日本BBS連盟」の報告書によると、日本のBBS運動の萌芽は大正初期にまで遡り、留岡幸助[11]主宰の雑誌「人道」にはアメリカのBBBS運動を紹介する記事が掲載されている。第二次大戦後になると、静岡県、島根県、長野県、京都府、石川県、兵庫県、大阪府、東京都など、全国各地で少年保護を目的とする青年たちの連盟が創設され、その大半が少年審判所から後援を受けたり、少年保護司の補佐役を務めたりしている。「戦後の混乱期の中で非行のある少年の姿に心を痛めた青年達が結成したこれら全国各地の団体は、当初は様々な名称で出発したが、やがて少年審判所や保護観察所の支援を受ける中で自らをBBS運動として位置づけるようになっていった」。そして、各地域で地元の大学生の有志が中心となって、地域内の子どもたちの実情にそくした活動を展開するために、少年審判所や保護観察所から経済的・物理的支援を受けながら、浮浪少年の実態調査及びその保護、少年保護団体の見学や不良化防止の街頭宣伝・署名活動・募金活動、少年院や養護施設の巡回訪問、会員研修、地域青年との懇談会など、幅広い活動を展開していった[12]。

今日の「日本BBS連盟」の源である「京都少年保護学生連盟」は、京都少年審判所長、宇田川潤四郎（1907–1970）などの提唱により、「青年の指導は青年の手で」というスローガンのもと、1947（昭和22）年に京都の学生が結集し、創設されたものである。「京都少年保護学生連盟」の初代委員長を務めた永田弘利（1926–）は、連盟の発足に至る経緯を以下のように述懐している。

1946（昭和21）年夏、京都新聞に「戦災孤児をはじめ、荒みきった社会の中で、悪の道に落ちてゆく少年達を守るために、関係行政機関や、民間諸団体の代表者が集まり、その対策を協議するため、京都府社会教育課の主催で会議が持たれた」という記事が掲載された。当時立命館専門学校工学部（現在の立命館大学工学部）に在学中の永田は、この記事に心を動かされ、「荒みきった社会の中で頻発する少年犯罪は、その少年の生活環境や友人に影響されるところが一番大きな原因で、そのような少年が正しい社会生活を送るために、よき語らいの友となり得るのは、これらの少年達に年齢でも、学校でも、社会生活でも、

最も近いところにいる健全な青少年こそが目覚めて、あたたかい愛の手を差しのべ、近づき、よき友人として交際が持てるようにしてやらねばならないのではないか」という旨の書簡を会議主催者に送った。その一月後には、京都少年審判所の宇田川や徳武義（上席少年保護司 1902-1959）と面会をする運びとなり、徳からアメリカの大兄姉運動について、宇田川からはそのような運動の必要性について聞き、わが国でもBBS運動を起こし、拡大してゆきたいという意志を聞かされ、各大学に働きかけることとなった[13]。

こうして、アメリカのBBBS運動を模範とした青年による非行少年の支援運動が法務省の支援のもと組織化され、青年が保護観察中の非行少年を一対一で継続的に支援する活動として全国的に普及していった。一対一の個別継続的支援活動は、当初は「兄姉活動」と呼ばれていたが、「ワンマン・ワンボーイ活動」、「ケース活動」と呼び名が変わり、1958年頃からは「ともだち活動」という名称が用いられている[14]。

現在では、全国500に分かれている地区BBS会が地域に根ざした活動として、「ともだち活動」（会員が兄や姉の立場から少年と同じ目の高さに立って、少年たちの話し相手、相談相手となって、彼らの成長や悩みの解消を助ける）、「グループワーク」（少年たちとBBS会員がグループになって、スポーツやレクリエーションなどを行う。共に何かを楽しむことにより、少年たちに一人ひとりのときとは違った共感や、心を開くきっかけを与える）、「社会参加活動への参加協力」（会員は保護観察所と協力し、少年たちと共に社会奉仕活動などのさまざまな活動に参加しながら、社会や誰かの役に立つ喜びを分かち合う）、「非行防止活動」（広報活動やイベント、集会などを地域で実施し、犯罪や非行のない社会の実現に努める）、「研さん活動」（活動を実践するのに必要な知識や技能の習得や、会員同士の意見交換の場として、さまざまな研修を行い、研さんに努める）を展開している[15]。

第4章　非行少年の更生支援における民間ボランティアの役割　47

(2) アメリカと日本における BBS 運動の展開
アメリカの BBBS 運動の発展

　次に「京都少年保護学生連盟（現日本BBS連盟）」の模範となったアメリカのBBBS運動の展開をみてみよう。その源は、1904年にニューヨークで発足したBB運動とBS運動にまで遡る。当時、ニューヨークの少年裁判所書記官だった、クールター（Ernest K. Coulter）は、周囲の人びとのケアや愛情に恵まれないことに起因し、裁判所に送致されてくる少年たちを目の当たりにし、教会の青年たちに呼びかけて、一人の少年に一人の若者がつきそう、「ワンマン・ワンボーイ（one man-one boy）」という支援活動を始めた[16]。こうしてBBBS会は、会員の若者がひとり親家庭で育ち、無断欠席や学業不振、自尊心の低さなどのリスクを抱えている子どもを支援する活動として組織化された。会の目的は現在でも「子どもたちの反社会的行動を減らすこと、学業成績を向上させること、家族や友達との関係を改善すること、自己概念を高めること」であり、会員が大人の友人として子どもたちに関わっている[17]。

　一般市民が困難を抱えている少年に一対一で継続的・直接的に関わる支援方法は「メンタリング（mentoring）」と呼ばれる。ここでの「メンタリング」とは、「経験豊富な年長者と少年の相互に生じるケアリング、関わり合い、そして信頼関係を基盤とする人間関係」を意味する。「メンター」とは「青少年の人格形成や能力向上の手助けをする経験豊富な年長者」のことを指し、メンターから個別・継続的支援を受ける青少年は「メンティ」と呼ばれる[18]。

　アメリカでは1980年代半ばごろから、心理・社会的困難を抱え、非行に走る可能性の高い青少年の増加が社会問題視されるなか、一般市民の力を活用し、青少年の発達を支援することを目的とするメンタリング運動の裾野が拡がっていった。そして「メンタリング運動の中核が、百年の伝統を持つBBBS運動であった。この時期の深刻化する青少年問題に『一人の力』によって対応しようとする市民運動がメンタリング運動であり、それは、良質のメンタリングを確保するための厳格なメンターのスクリーニングと訓練、活動へのコミットメントに関する要求水準の高さに特徴づけられるBBBSのみでは対応しきれな

い青少年問題への社会的要請によって生じてきた草の根運動であった」[19]。

このようにBBBS運動は、アメリカのメンタリング運動の起源として位置づけられており、現在アメリカではBBBS運動を中軸としたメンタリング活動が幅広く展開されている。メンター層は、若者から高齢者層を含む様々な世代の人びとへと拡大し、メンティの対象もひとり親家庭で生育した子どもだけでなく、肉親や周囲の人びとから十分な愛情やケアを十分に受けられないために、非行に走りがちな若者までを含む運動へと発展している[20]。

日本におけるBBS運動の展開

メンタリングを用いた支援方法は日本のBBS運動における「ともだち活動」として受け継がれていく。

BBS運動は、法務省の管轄のもとで保護司の補佐役を務める官制ボランティアとして組織化されたとはいえ、大学生が非行少年の支援に直接関わる運動が全国的に発展していったことは革新的だったといえる。その一方で、日本におけるBBS運動は、非行少年の更生支援という狭い領域にとどまり、一般市民や民間団体が主体的・自治的に青少年問題の軽減・解決に広く関わるタイプの市民運動には発展しえなかったことの限界やその要因も指摘されている。

渡辺は、日本のBBS運動が広範な市民運動であるメンタリング運動に転換しえなかった理由は、日本のBBS運動の特徴そのものにあるとしている。その特徴として指摘しているのは、「①非行少年への対象特化、②会員年齢の限定（20～30歳前後）、③保護司の補助者としての役割、④低調な『ともだち活動』は、発足当初から少年審判所が構想し主導した、非行少年に年齢的に近い青年運動として出発したことから派生し、既存の保護観察官と保護司から構成される更生保護制度の枠組において保護司の補助者という位置づけで活動が開始されていたことや、対象となる保護観察に処される非行少年そのものが少ないという歴史的経緯と社会状況から生み出されている」ことなどである[21]。

一方寺中は、少年審判所の立場から運動に関わった人びとは、アメリカのBBBS運動を模範としたため、BBS運動は創設当初から保護司制度や刑事政

策への一般市民の参画・協力という限界を有しながらも、保護司の活動は、非正規の国家公務員として少年の更生に携わる形態で制度化された一方で、BBS運動は、青年の自主的・自発的ボランティア活動として独自に発展してきたことを評価している[22]。

(3) BBSによる支援の特徴と課題

BBS会員による更生支援にはどのような特徴があるのだろうか。ここでは非行少年の立ち直りに青年が関わることの意味を検討してみよう。保護司を軸とする更生保護ボランティアには、「地域性」「民間性」を活かした民間人独自の支援が求められる。「地域性」とは、少年と同じ地域に居住し、地域の環境に精通していることを意味し、「民間性」とは、保護観察という公的制度のなかで、保護観察官とは異なる立場の民間人が少年とフラットな関係を築き相談相手になりながら、更生を支援することを意味する。

更生保護ボランティアの中でも、年齢の若いBBS会員による活動の特徴として以下が指摘されている。「保護司のように地域社会の立場から保護観察業務を担うということでもなければ、更生保護婦人会のように側面から支援するというものでもない。実際に身体を動かして少年たちと付き合う。しかし、そこには保護観察とか、社会内処遇といった制度では表現できない、もっと肩肘張らない関係というものがある。少なくとも運動が目指しているのはそれだし、そこに自発的に関わっていこうというボランティア運動こそがBBS運動なのだ」[23]。

少年にBBS会員を付けるメリットとして、「少年の場合、指導や監督といった、上からの権力的な働きかけばかりでなく、彼らと世代を同じくし、彼らと共通の悩みを持ち、その解決のために共に歩もうとする友だちの存在が、その改善更生を考える上で大きな役割を果たすと考えられる。…裁判所という国家権力を背景とした指導や助言は、彼らの感情的反発を招くこともある。彼らは同年代の仲間に最も強い帰属感を持ち、そこに自分を同一化しようとする」[24]などがあげられ、担当保護司との世代間ギャップから生じる誤解や価値観の違いなどを補完する役割が求められてきたことがわかる。

保護観察官に対しておこなった BBS 運動に関する意識調査（平成 7 年度と平成 22 年度の比較）をみると、保護観察官の約 6 割が「BBS のともだち活動（社会参加活動、グループワーク含む）」を活用したいと思い、「依頼の際に BBS 活動に期待すること（複数回答可）」として、いずれも「少年の話し相手になること」（平成 7 年度 39.3％；平成 22 年度 47.2％）が最も高い。さらに「少年の学力の向上を図ること」は、平成 7 年度の 14.5％が平成 22 年度には 34.4％へと上昇しており、近年では、少年の学習支援のニーズが高いことがわかる。一方で、「BBS に対し望むこと」（複数回答可）として、「活用できる会員の増強」（平成 7 年度 70.3％；平成 22 年度 65.6％）、「保護観察所・主任官との緊密な連絡」（平成 7 年度 60.7％；平成 22 年度 57.6％）などが指摘されている。官民協働態勢を実質化するためには、保護観察官、保護司、そして BBS 会員三者が連携を密に図ることが久しく唱えられているものの、現在でも十分には改善されていないことを示唆している[25]。

（4） BBS 運動の発展性と課題

本章では、戦後動乱期に大学生たちが自主的に立ち上げた非行少年の支援運動が現在の BBS 運動の源となり、更生保護の枠組みのなかで組織的に展開されてきたこと、官製ボランティアとしての限界を有しながらも若者であることの利点を活かした支援活動を行ってきたことについて明らかにしてきた。

現在でも BBS 運動の理念、「ワンマン・ワンボーイ」は掲げられているが、実際の活動内容は時代の移り変わりとともに変化している。1966（昭和 41）年のピーク時には一万人を超えた会員数はその後減少に転じ、2013（平成 25）年 4 月 1 日現在では 4,740 名である。また BBS 運動の中枢である、「ともだち活動」の件数は、年間 2 千件を超えていた 1970 年代をピークに減少し、2013（平成 25）年 4 月 1 日現在の集計では全国総計で 341 件である[26]。このように統計上の会員数や担当ケース数は減少しているが、少子化の進行、若者が参加するボランティア活動の多様化、少年犯罪の複雑化により民間ボランティアへのケースの依頼自体が減少していることなどを鑑みると、BBS 運動の精神は

現代の若者にも脈々と受け継がれていることがわかる。さらに、社会人になっても活動を続け、BBS 会のリーダ的役割を果たしている会員も少なからず存在している。また、地域ごとに主たる会員の属性や活動内容も異なっている。たとえば、更生保護女性会、保護司会との連携を図り、社会参加活動が活発な地区会、地域内小学校との連携の下、小学生の学習支援に携わっている会など、地域性を活かしながら多様性に富んだ活動を展開している。

　最後に、BBS 運動の今後の発展性について検討してみたい。長崎県 BBS 連盟副会長の米倉幸生は、当該地域では、児童養護施設における家庭教師活動や、遊びや創作を通じた子どもとの触れ合いなど、被虐待児のケアを含む活動も行っており、BBS という組織やその会員が法務省保護局の指導下にある更生保護をサポートする社会的資源としてのみ位置づけられるのでなく、非行に走った少年の学習支援や被虐待児童の支援など、司法と福祉を連動した形態の活動として発展していく可能性について論じている[27]。

　地域性を活かしたこれらの活動は、大人への不信感を抱きがちな子どもをケアしたり愛情を示したりしながら、彼（女）らの社会性やコミュニケーション能力を育むことを目的とする青年主体の市民活動へと発展しつつある。

　BBS 会員も少年との触れ合いをとおして、みずからが他者の役に立っているという自己肯定感、さらには職業観の形成など、さまざまなことがらを学び取っているはずである。良好なメンタリング関係を構築するためには対人関係における「相互性」とそのなかから育まれる「互恵性」が鍵概念となる。ここでの「相互性・互恵性」とは、支援者―被支援者、教育者―被教育者など、支援行為、教育行為の提供者とその受容者の役割は固定化されず、支援している側の人も、実質的には支援を受ける側でもあることを意味する[28]。BBS 会員にとって「恵」となるもの、すなわち、少年との相互交流から会員が学んだり、励まされたりすることがらを実証的に明らかにしていくことがみずからの課題である。なぜならそこに BBS 運動が青年主体の市民運動としてさらに発展する鍵が含まれていると考えるからである。

註および引用・参考文献

1）BBBS は Big Brothers/Big Sisters の略語であるが、アメリカでは BBBS、日本では BBS と略記される。したがって、以下本章では、アメリカの運動を指すときは、BBBS、日本の運動を指すときは、BBS と分けて記す。
2）法務省法務総合研究所編『犯罪白書』、1960 年
3）小西暁和「「虞犯少年」に対応するシステムに関する考察―少年保護司法システムと児童福祉行政システムを中心として」『早法』83 巻第 2 号、2008 年、45-91 頁。感化法の制定後から「刑罰法令に触れる行為を為した『未成年犯罪者』と、それ以外の逸脱行為をした少年（狭義の『不良少年』）は併せて「不良少年」と呼ばれていた。第二次世界大戦の終結後には、広義の「不良少年」という用語に代わり、「非行少年」という用語が用いられるようになった。
4）鳥居和代「敗戦後の『青少年問題』への取り組み：文部省の動向を中心として」『金沢大学人間社会学域学校教育学類紀要』第 3 号、2011 年、10 頁
5）同書、2 頁
6）檜山四郎『戦後少年犯罪史』酒井書店、1988 年、27 頁
7）官民協働態勢については、実質的な支援は民に依存してきたことや双方の連携を図ることの難しさなどの課題が指摘されている。「官民協働といいながら、現実には少人数の『官』が『民間』に依存し、その結果、再犯防止機能の弱さなど問題点が常に内在して今日に至った」（更生保護制度のあり方を考える有識者会議「更生保護制度改革の提言－安全・安心の国づくり、地域づくりを目指して」『「更生保護制度のあり方を考える有識者会議」報告書』2006 年 6 月 27 日）という提言がなされた。これを受けて、更生保護の基本法である「更生保護法」が全面的に施行される運びとなった。
8）佐々木は、保護観察そのものが少年の「『社会化』のプロセス」であり、「他者との関係の中で必要とされる役割を取得し、そうしたなかでアイデンティティを取得していく」としている（佐々木光明「非行少年の処遇と更生保護制度－『立ち直り』を支えるものは何か」刑事立法研究会編『更生保護制度改革のゆくえ―犯罪をした人の社会復帰のために』現代人文社、2007 年、245 頁）。
9）保護司は、全国を 883（平成 23 年 4 月 1 日現在）の区域に分けて定められた保護区に配属され、保護観察の実施、犯罪予防活動等の更生保護に関する活動を行っている。更生保護女性会は、地域の犯罪予防や青少年の健全育成、犯罪者・非行少年の改善更生に協力するボランティア団体である（法務省法務総合研究所編『犯罪白書－少年・若年犯罪者の実態と再犯防止』平成 23 年版）。
10）河合幹雄「日本における少年非行を諸外国と比較して―周りの力で更生に成功」『世界の児童と母性』第 67 号、2009 年、50-53 頁
11）留岡幸助（1864-1934）は感化院＝家庭学校の創設者の一人で、1899（明治 32）年に家庭学校を開設し、不良少年の感化にあたった（二井仁美『留岡幸助と家庭学校―近代日本感化教育史序説』不二出版、2010 年）。
12）日本 BBS 連盟事務局「BBS 運動の歴史」日本 BBS 連盟『大学の BBS』2011 年 12 月（2

版)、33-48 頁
13) 永田弘利「BBS 運動の芽生え」『犯罪と非行』青少年更生福祉センター・矯正福祉会、1988 年、第 76 号、81-87 頁
14) 安形静男「わが国における BBS 運動の生成」日本 BBS 連盟 OB 会『BBS 運動の軌跡』2006 年
15) 日本 BBS 連盟ホームページ（http://bbs-japan.org、2014 年 3 月 27 日検索）
16) Beiswinger, G.L. One to One: The Story of the Big Brothers/Big Sisters Movement in America. Big Brothers/Big Sisters of America Publisher, 1985
17) Tierney, J.P., Grossman, J.B., and Resch, N.L. Making a Difference: an Impact Study of Big Brothers/Big Sisters. Philadelphia: Public/Private Ventures, 1995
18) Flaxman, E. A. and Harrington, C. Mentoring Programs and Practices: An analysis of the literature. Teachers College, Columbia University, Institute for Urban and Minority Education, 1998
19) 渡辺かよ子「米国におけるメンタリング運動の誕生と発展の素描：BBBS 運動を中心に」『愛知淑徳大学現代社会研究科研究報告』第 1 号、2006 年、91 頁
20) Taylor, A. S. and Bressler, J. Mentoring Across Generations: Partnerships for Positive Youth Development. New York: Kluwer Academic/Plenum Publishers, 2000. アメリカを発祥の地とするメンタリング運動の歴史的推移や理論的根拠については以下の文献が参考になる（渡辺かよ子『メンタリング・プログラム－地域・企業・学校の連携による次世代育成』川島書店、2009 年）
21) 渡辺かよ子「日本の BBS 運動の発祥展開と『ともだち活動』：メンタリング運動のモデル移行論の視点から」文学部・文学研究科編『愛知淑徳大学論集』第 37 号、2012 年、133 頁
22) 寺中誠「社会復帰の担い手たち—BBS 運動」後藤弘子編『少年非行と子どもたち』明石書店、1999 年、219-224 頁
23) 同上書、219-220 頁
24) 野田裕子「試験観察における BBS 活動とのかかわりについて—家裁におけるボランティアの活用」『調研紀要』第 43 号、1983 年、44 頁
25) 小林淳雄「『保護観察官に対する BBS 運動に関する意識調査』の結果について」『更生保護と犯罪予防』No.154、2012 年、135-143 頁
26) 「BBS 会の状況」(平成 25 年 4 月 1 日現在の統計資料より。この資料は、2014 年 3 月 14 日、日本 BBS 連盟事務局訪問時に日本 BBS 連盟事務局長長谷川正光様より入手した。ご協力ありがとうございました。)
27) 米倉幸生「『純心 BBS 活動報告』—長崎純心大学 BBS クラブ」日本 BBS 連盟『大学の BBS』2011 年 12 月（2 版）、29-32 頁
28) 間野百子「世代間の相互学習・相互支援の視点から」草野篤子・柿沼幸雄・金田利子・藤原佳典・間野百子編著『世代間交流学の創造—無縁社会から多世代間交流型社会実現のために』2010 年、あけび書房、49-59 頁

第5章　認知症ケアにおける世代間交流の貢献例

山之口　俊子

1．はじめに

　高齢社会のわが国における数ある問題の中で、健康問題とくに「認知症ケア」の課題は大きい。高齢化に伴って脳卒中やがんなどの罹患者が増え、その中でも認知症は特別な懸案事項である。2010年度厚生労働省調査および世界保健機構の発表によると、認知症は70歳から急激に増加して、89歳までは年齢が5歳上がるごとに有病率が約2倍に増加している。また、世界の他の国に比べて日本の有病率が高いことが目立つ。

　現代にあって認知症の正しい理解と、介護の知識は、当事者・関係者ばかりでなく、世代を問わずすべての人々にとって必須である。

　本報告は、認知症について、その治療だけでなく発症の原因、予防対策を、人の成長と、社会の営みの中に見出すべく検証した世代間交流の有効活用の一例である。

2．なぜ、認知症が問題なのか

　認知症は、人にとって単なる心身のダメージだけでなく、人々の交流、社会全体の資源の損傷を招くものである。

(1)「認知症」を知る
　認知症とは、①原因疾患などによって起こる、②そのことによって脳が器質的な変化をきたす、③そのことで知的な能力が衰退する、④そのことで生活に支障をきたすことを特徴とする。

一番多く知られているものがアルツハイマー型認知症で、それは「そのものが病気」ではなく、「病によって引き起こされる状態」といえよう。

その特徴は、圧倒的に非可逆的で、進行性のものである。脳が壊れたといっても、どの部位が壊れたのか、どのような壊れ方をするのかによって、現象として出てくるものは違う。異常と思われる言動の原因が、誰にも見えない。いつ・どこで・どんなことが起こるか誰にもわからないなどもあって、真の認知症対策・ケアは困難である。

認知症ケアの基本は、その個人の尊厳が最大限に保たれることを目指し、それは認知症の経過に変化を与えるものである。そのために今まで軽視されてきた精神面への支援・社会的サポートがより重要であるとされる。

(2)「排除の精神力動」

トム・キットウッドによると、「多くの文化は、身体的であっても、精神的であっても、ある種の重い障害を持つ人の人格を奪う傾向を示してきた。その人らしさ、すなわちパーソンフッドが無視され、力のないものは特に価値を低められ」ている現状がある[1]。

これは必ずしも認知症に限ったことではなく、人というのはどうしても弱い立場にある人をないがしろにする傾向がある。特に認知症というのは症状がわかりにくいこともあって、余計にないがしろにされることがある。心ならずも他人に冷たく当たることは、優しい人であっても、親切な人であっても、無意識にやってしまう。それが普通の人間の行動なのだということを自覚し、弱い立場にある人達に対する接し方を考えていくことが、社会生活の中では大事である。

(3) 世代間の隔絶

わが国では、阪神・淡路大震災後、仮設住宅での独居高齢者の孤立死が相次いだことを契機に、高齢者の社会的孤立の問題は大きな社会問題となっている。高齢者ばかりではない。凶悪犯罪が起きるたびに「犯人は社会から孤立してい

た」と報じられる。

　また、中高年のうつや自殺、子どもや高齢者の虐待が多発する世相をみても、社会的孤立を防ぐためのネットワークの構築が、地域社会の喫緊の課題として浮上する。そして高齢者が社会的に孤立する背景には、高齢者のみの世帯の増加や核家族化、死別・別離といったライフイベント、さらには、エイジズムによる世代間の隔絶といった要因が考えられる。

3．認知症とMCI（軽度認知障害）

(1) 認知症介護をめぐるトレンド

　超高齢社会を迎えたわが国で介護保険制度がスタートしたのは、2000年4月である。それから14年間で「介護」という言葉が市民権を得ると同時に、介護保険サービスは私達の暮らしに不可欠のものとして定着している。介護保険制度がスタートした当初は、まだ「認知症」という用語は使われていなかった。法律上あるいは医学上の用語として「痴呆」が使われていたが、侮蔑的な言葉として問題視さていたのを見直すべく、厚生労働省が「『痴呆』に替わる用語に関する検討会」を2004年6月に設置。議論の結果「認知症」という言葉が選ばれて、急速に世の中に普及して現在に至っている。

　介護保険制度が施行され、介護サービスが整備される中で、要介護高齢者の二人に一人は"痴呆の影響"（認知症）が見られるという実態が明らかになった。それに合わせてケアを見直すことが必要だという機運が高まったのである。

　それまで「介護」といえば、食事、入浴、排泄という人間の生活における基本動作を支える身体のケアが専ら重視されてきた。それに対して、認知症への問題意識が高まってからは、身体のケアと合わせて、要介護者本人の尊厳を守りながら生活を支える「心のケア」が求められるようになった。そのためには本人の生活のスペース、慣れ親しんだ人間関係や居住空間、一人ひとりの生活リズムや生活環境などを踏まえた「個別ケア」が効果的だということも明らかになっている。

「多人数の入居者が生活し、大勢の介護職員がケアを提供する大規模な介護施設」よりも、「少人数の入居者、職員がなじみの関係を築いて暮らすことが出来る小規模な介護施設」のほうが、認知症による異常な行動・心理症状は軽減する傾向がみられる。さらに本人の症状や生活環境を勘案した結果、施設に入所する必要がなく、本人も希望するのであれば、出来る限り慣れ親しんだ自宅で暮らし続けることが理想的である。このような観点から、介護保険制度は「施設だけでなく在宅で」「集団ケアよりも個別ケアを」という方針に大きく舵を切っている。制度スタートから14年をかけて、"認知症シフト"がようやく整ってきたと言えよう。

(2) 高齢者の尊厳を支えるケア

『2015年の高齢者介護―高齢者の介護を支えるケアの確立について―』と題する報告書がある。2004年度末の「ゴールドプラン21」後の新たなプランの策定の方向性、中長期的な介護保険制度の課題や高齢者介護のあり方について検討するため、厚生労働省老健局長の私的検討会として、2003年3月に設けられた高齢者介護研究会がまとめたものである。「2015年」とは、「戦後ベビーブーム世代」（いわゆる「団塊の世代」）が全員65歳以上になる2015年のことを指している。2015年頃の高齢化率は26％と、世界トップになると見込まれている。高齢者介護研究会では、団塊の世代が高齢者の仲間入りをする2015年までに実現すべきことを念頭に置いて、ここで求められる高齢者介護の姿を描いたもので、これからの高齢者介護の基本理念として、「高齢者の尊厳を支えるケア」をあげている。

そして新しいケアモデルとして、痴呆性高齢者ケアモデルの確立を提案している点も新しい視点である。要介護高齢者の約半数は「何らかの介護・支援が必要な痴呆」（痴呆性老人自立度Ⅱ以上）があり、4人に1人は「一定の介護が必要な痴呆」（同Ⅲ以上）が認められる。施設入所者の場合では、約8割に痴呆の影響がみられ、6割が「一定の介護が必要な痴呆」がある。高齢者人口の増大とともに、痴呆性高齢者も増加し、2015年には250万人と見込まれて

いることから、これからの高齢者介護においては、身体ケアのみではなく、痴呆性高齢者に対応した精神ケアを標準として位置付けていくことが必要である。

(3) MCI（軽度認知障害）

1996年、米国 R・C・ピーターセン医師（神経学）が提唱した MCI（「認知症ではないが正常とも言えない」）という概念が、2003年国際シンポジウムで以下の様な基本的な考え方に統一された。
・正常でもないし、認知症でもない。
・本人や家族から、記憶力や判断力など認知機能低下の訴えがある。
・複雑な日常生活動作に障害があっても、基本的な日常生活はできる。

以上のように認知症の発症予備軍であると注目されている MCI は、65歳以上人口3079万人（2012年10月調査）のうち、全国の MCI 有病者数は約400万人と推定されている。3～4年後に5～7割の人が認知症に進行するとしているが、その一方で、4割程度が5年後に正常な認知機能に回復するというデータも示されている。

認知症専門の翠会和光病院（埼玉県和光市）では、2013年10月から MCI（軽度認知障害）の人たちを集めた「メモリーワーク」を実施、発症予備軍の受け皿となっている。

4．「認知症ケア」

(1) 認知症高齢者への基本的アプローチ

私達はそれぞれ、"自分の意味の糸"を紡いだ「意味の世界」に住んでいる。これは認知症高齢者であろうと、健常者であろうと変わらない。認知症高齢者の「意味の世界」は、記憶力の衰えに伴い変わりやすくなるのが認められるが、その瞬間、瞬間に自分の誇りが高く維持されることが求められるのは、非認知症の人と変わりない。

認知症高齢者への基本的対応は、彼らの住む安心な世界、「意味の世界」を理解し、そこに入り、周囲の者との繋がりの感覚を持たせることである。

「夕暮れ症候群」と呼ばれるものがある。この症状が現れるとき、認知症高齢者は幼いころの自分に戻っている。その瞬間の彼らの感情は、幼い時の（本人にとっては現在の）、母や父との繋がりが切断されたと感じて経験した不安である。脳の無意識の領域で、幼児期の過去に経験し蓄積された記憶が、時に応じて高齢者の「今の世界」を造っているのである。

認知高齢者にも周囲の者にも、今日の世界は命の流れの中の渦として現れている。しかしそこには、根源的な繋がり（相依相関）があるのである。

(2) オレンジプラン

厚生労働省は、2012年9月、「認知症施策推進5ヶ年計画（オレンジプラン）」を公表した。その方向性は「"認知症の人は、精神科病院や施設を利用せざるを得ない"という考えを改め、"認知症になっても本人の意志が尊重され、出来る限り住み慣れた地域のよい環境で暮らし続ける事が出来る社会"の実現を目指す」というもの。今後の課題として、「認知症の人が住み慣れた地域で可能な限り生活を続けていくための介護サービスが量、質の両面から不足していること」、「地域で認知症の人とその家族を支援する体制が不十分であること」を指摘している。また、「認知症に関する正しい知識と理解の普及、見守り、相談支援などの地域による支援体制の構築を行っている先進的な自治体もあるものの、多くの自治体では十分な対応が出来ていない」こと等も課題にあげている。

(3) 認知症の本人・家族に対する支援

✿認知症カフェ（オレンジカフェ）＝埼玉県川越市地域包括支援センターの例

認知症の人と地域住民にとって、繋がりの場の再構築を目指し、住民同士として交流できる場となっている。認知症に対する理解を深め、認知症の人を地域で支える基盤づくりが期待される。

✿認知症サポーターキャラバン（修了証はオレンジ色ブレスレット）
　認知症に関する正しい知識と理解を持ち、地域や職域で認知症の人や家族に対して出来る範囲の手助けをする。キャラバン・メイト養成研修、認知症サポーター養成講座を住民や学校などを対象に開催。2013年3月31日現在、メイト・サポーター合計412万6551人。

5．「徘徊」の目的と意味

　認知症になると、様々な"一般的には見られない行動"や"普通には聞かれない言葉"などが現れる。この中に「徘徊」というものがある。そもそも目的もなく歩きまわることを徘徊というが、認知症という状況の人たちの行動は目的も意味も考慮されず、「徘徊」の一言で片付けられがちである。しかし、その行動には当然、何らかの目的や意味がある。
　「徘徊」は、認知症患者本人や家族以外の人々にとっても最も特異的な問題である。いわゆる社会問題で、社会との交流のあり方が最も問われるものである。

(1) 詩集『徘徊と笑うなかれ』[2]) に学ぶ

　詩人藤川幸之助さんは、「母には言葉もないし、意味のある動きもない。しかし母はそこに存在するだけで子育てをした。母は、ダメになっていったのではなく、生まれた時のような『存在そのもの』に返って、その返っていく姿で私を育てていた」と言う。
　藤川さんは「徘徊と笑うなかれ」と呼びかけるなかで、"自身の世界が広がっている。そして、その思い出の中を延々と歩いている"お母さんの姿を見つけ、そこで手をつないでいるのは、"父さんですか、幼い頃の私ですか、それとも私の知らない恋人ですか"と問いかける。
　また、「妄想と言うなかれ」という悲痛な叫びの底には、"母さん、あなたの中であなたの時間が流れている。過去と今とが混ざり合って、あの日のあの若いあなたが今日ここに凛々しく立っている"という優しい息子の目がある。

"あなたはその思い出の中で、愛おしそうに人形を抱いている。抱いている人形は兄ですか。私ですか、それとも幼くして死んだ姉ですか"と、どこまでも家族の交流、思い出は悲しい。

「徘徊と笑うなかれ
　妄想と言うなかれ
　あなたの心がこの今を感じている」と結ばれている。

(2) 安心して徘徊できるまちづくり

認知症の徘徊対策に全国で最も早くから取り組んだ北海道釧路市の例がある。「徘徊老人SOSネットワーク」で、これは徘徊による行方不明者がでたとき、警察から地域全体に情報を流し、早期発見に努めるためのシステムである。

20年前に作られ、その後全国の模範となった。

また福岡県大牟田市では「安心して徘徊できるまちづくり」というスローガンを掲げている。住民の高齢化がいち早く進む大牟田市では、高齢化率31.6％。5万7千世帯の半分に高齢者がいて、高齢者の単身世帯は22％を超えている。

「認知症の人が街を歩くことには、何の問題もありません。問題なのは、認知症の人が家に帰れなくなったり、事故に遭う場合です。」と語るのは、同市保健福祉部長寿社会推進課の新田さん。

また介護サービス事業所のケアの質を向上させる「認知症コーディネーター」の市独自の養成をし、この修了生85人が市の認知症の取り組みを現場で支えている。行政や警察・交通機関・民間企業などで構成する「大牟田地区高齢者等SOSネットワーク」もしっかり機能しており、いまでは福岡県ばかりでなく隣接する熊本県北部まで巻き込んだ広域ネットワークになっている。

「愛情ねっと」というメール配信システムは、行方不明者の情報を流す際に使われるもので、警察が家族の同意を得た上で、氏名や顔写真を配信する。「個人情報よりも生命を優先」との信念によるもので、早期発見に繋がりやすいのは言うまでもない。そして、このネットワークの実効性を高めるために、年に一度、大規模な「徘徊模擬訓練」も行っている。

6．共に生きる
――当事者・関係者が見出す世代間交流の意義

　認知症ケア・対策について、一般的に、認知症の発症原因であるアルツハイマー病は、少しずつ悪化するために周囲も気づかないことが多い。病気を正しく理解しているのだろうか。真実の姿を捉えているのだろうか。また、認知症患者は自分に起きている変化を把握しているとしても、記録はできないという傾向があるので、病状やその心の動きについて患者本人（当事者）が書いたものは多くない。介護者が書いたものはいくらかあるが、それも患者本人の見方とは大きく違うものである。

　認知症に関する研究が進み、その対策を講じる努力が続けられている今日にあって、認知症の理解を広め、早期発見、よりよい治療のために、全ての世代が果たせる役目は、「共に生きる」という姿勢であろう。

(1) 子ども達の理解をまちづくりに活かす

　「共に生きる」ことを学ぶ教科書として、絵本『いつだって心は生きている―大切なものを見つけよう』[3]がある。

　この絵本は、福岡県大牟田市の「平成15年度地域認知症ケアコミュニティ推進事業」の一環として、認知症ケア研究会（大牟田市介護サービス事業者協議会）によって作成されたものを、加筆・修正したもの。絵本の作成にあたっては、市内から公募した幼稚園児から高校生までの24人の子どもたちが関わった。加えて介護をしている家族や認知症の高齢者も参加、同市では3回にわたって「絵本作り教室」が開催された。

　なぜ、「子どもたちのための絵本」、「こどもとかたりあう大人のための絵本」か。

　この絵本のねらいは次の通りである。

①子どもの頃から、認知症という「病気」や、認知症になった「人」について正しく理解し、支持・支援の大切さを学ぶ機会を作る。

② 認知症の人の支援のあり方を通して、「人はみな、病気や障害があっても、個人価値の高い存在である」という豊かな「人間観」を育む機会を作る。
③ 子どもたちが認知症を正しく理解し、それを家族や地域へ伝えていくことで、誰もが安心して暮らせるまちへと発展させていく。

　大牟田市の小中学校ではこの『いつだって心は生きている』という絵本を使って、認知症の正しい知識を学ぶ。この勉強の甲斐もあって、中学生や高校生が声をかけて徘徊高齢者の保護につながる例もあると言う。

(2) なぜ認知症を恥ずかしく思うのか
　　　　──旅の記録『私は誰になっていくの』[4)] に学ぶ

　1995年5月、46歳でアルツハイマー病の初期であると診断されたクリスティーン・ボーデンさんは、「私は今、娘たちのために、思い出すことを書き留めている」と言う。

　「私と3人の娘たち（23、17、12歳）に起こった衝撃的な出来事で、私の人生は激変してしまった。輝かしい経歴を持つ多忙な上級行政官であり、シングルマザーでもあった私は、1995年末の数日の間に、余命わずかな、ひとりの年金生活者として生きることになったのだ。いつ私の生命の最終期限が迫ってくるかもしれず、その時には、もう書くことも読むこともできないとわかっているからだ。娘たちと話ができなくなってしまう前に、私は誰になっていくのか私の人生経験のいくつかを伝えておきたい。その一つとして、アルツハイマー病とともに歩んだ私の感情的、身体的、精神的な旅について、この本に書き記した」と。

　さらに「なぜ、脳細胞の身体的故障を体の他の部分の身体的故障以上に恥じるのだろうか。私達は正気を失っているのではなく、病気なのである。だからどうか私達が尊厳を保てるように扱い、私達の事を笑いものにしたり、恥じたりしないで欲しい」そして、「私は、その病気を恥ずかしく思うタブーを打ち破りたいと思う」と宣言する。

(3) すべての世代が我が事として

認知症では高齢化による身体機能の低下＝身体障害、認知機能障害＝知的障害、精神症状・行動障害の出現の可能性＝精神障害の全てが出現する可能性がある。いわゆる認知症とは誰もが身近に経験する可能性がある三障害ということであり、どの世代においても、これまでのように「自分とは関係のない、特別な人の障害」というように目を背けて生きていくことは出来ない。

身近に障害を経験することで、この社会がいかに障害のある者に冷たいか、障害のある人にとって暮らしにくいかを理解できるようになり、障害のある人にも優しい社会の実現を皆が自分の問題として考える契機になるのである。

老いも若きも、すべての世代が我が事として、人間の成長の過程の到着点にある「老いの尊厳」を学ぶべく、「認知症」の実情、「認知症ケア」の現実と、「介護の課題」を学ぶ必要がある。

7．おわりに

今、認知症を病む当事者が語るようになった。

そしてこの声を耳にする一番近いところが「世代間交流の場」である。決して多いとはいえないその機会について考える時、すべての人に何の気負いも抵抗もなく受け入れられる「場」として、図書館の存在と、その活用を提案したい。

図書館には、認知症の中核症状や行動障害の姿というマイナスイメージばかりを強調したものでない図書もある。ユーモアとファンタジーを持って伝える1冊も、認知症の人の愛情に満ちた姿や、想像を超えた豊かな力、「人が生きて暮らす」ために必要な家族や地域とのかけがえのない絆について語る本もある。

あなたへ[5]

あなたがそばにいると、わたしは楽になり安心できる。

わたしの行く道にただ寄り添っているあなた。

あなたの名前も、この場所も、何もわからなくなったけれど、

わたしを大事におもっていてくれることだけはわかります。
わたしには何も残っていないように見えるかもしれないけれど、
怒りや、悲しみもあり、
何よりも、あなたと喜びを感じ合いたいと思っています。

　若く健康であるときは勿論、老いて認知症を病むことになっても、人は家族ばかりでなく友人・知人そして知らない人との仮想の交流までをも糧に生きていく。それは人生の物語の共有によって「生きること」を納得し、自分なりの「社会への還元を果たせる」喜びを生む。

引用・参考文献
1）トム・キットウッド『認知症のパーソンセンタードケア』筒井書房、2005 年
2）藤川幸之助作、岡田知子絵『徘徊と笑うなかれ』中央法規、2013 年
3）認知症ケア研究会『いつだって心は生きている』中央法規、2012 年
4）クリスティーン・ボーデン『私は誰になっていくの』クリエイツかもがわ、2003 年
5）E・メーリン／P.B. オールセン著、東翔会監修『デンマーク発・痴呆介護ハンドブック、介護にユーモアとファンタジーを―』ミネルヴァ書房、2003 年

第6章　行政事業「祖父母講座」についての
　　　　プログラム評価
――量的・質的調査からみるその実態と効果に関する考察

斎藤　嘉孝

1．今日の社会的背景
　　　――「祖父母講座」は今なぜニーズがあるか？

　わが国では、祖父母を対象にして、行政自治体による教育がおこなわれている。全国的な行政事業として、祖父母世代が孫との関わり方を勉強する学習機会である。本章ではこれを「祖父母講座」と称する。詳細は後述するものの、市区町村の担当部署が企画・実施し、希望する祖父母がそこに応募・参加し、諸事項を学んでいる。こうした祖父母講座は、ここ数年で実施自治体が増加する傾向にあり、潜在的な国民のニーズは高まっていると考えられる。

　現代社会をいいあらわす特徴は多々あるだろうが、その1つは、子育ての問題にもある。子育てに関する書籍がたくさん書店に並び、多くの情報がインターネットに氾濫している。現代の親たちは自身の育ちのなかで、小さな子どもたちとの接触経験に乏しく、いざ子どもを有したからといって「自然に親になる」ことが難しくなってきている。こうした議論を筆者は以前におこなった（斎藤2009）。この種の問題は「今どきの親はだらしない」といった個人的な過失に責任を求めずに、社会的背景をもってして議論する必要がある。当書では、今日、親になる前に何らかの意図的な学習機会が必要となってきており、義務教育段階における親になる前の準備教育が有効であると論じた。

　本章では、親だけでなく祖父母もまた、今日は「自然に祖父母になる」ことが難しい時代になっていることを前提とする。このことも、個々の祖父母に過失があるといった個人的な責任追及ではなく、社会的背景から議論される必要がある。祖父母たちが「孫との接し方がわからない」「孫ともっと関わるため

に何かを学習したい」と考えており、祖父母講座という学習機会のニーズが高まっているのであれば、それは社会全体の変化にともなった流れといえる。

　では、その社会的背景とは何だろうか。

　まず、高齢化の進展によって平均余命が長期化したことと、同時に自営業者が減り、成人の多くがサラリーマン（＝被雇用者）化したことが関係していよう。定年退職後の年数は過去と比べ、非常に長くなっている。その時期の余暇は莫大な時間におよぶ。高齢者むけの学習の機会（例えば老人大学などと称されるもの）が人気を博しているのは今日の日本社会の傾向であるが、そこに「孫との接し方を学びたい」という一側面があっても、おかしなことではない。

　また、少子化の進展も関係している。わが国で少子化が叫ばれて久しいが、日本から子どもの数が減ってきていることは、ミクロな文脈では、1人の祖父母あたりの孫の数が減少していることを意味する。一昔前であれば、孫が何人もいる高齢者は珍しくなかったろうし、10人ぐらいの孫がいることだってあった。しかし、現在そのような姿はまれである。逆に、1人か2人の孫しかいない高齢者も珍しくない。下手すると、おじいちゃん・おばあちゃんの人数のほうが多いという事態もありうる。──こうした状況下では、どのような関係性が生じるだろうか。1つの可能性として、祖父母たちの意識が数少ない孫に集中することがある。もっと孫がたくさんいた時代であれば、まとめて孫たちをあしらったり、叱りとばしたりもできただろうが、それが難しくなる。数少ない孫と後生大事につきあわねばならない。たった1人か2人しかいない孫には、できれば嫌われたくない。大切な孫とどうつきあうか、それが祖父母たちの関心事になっていく。

　また現在は、さまざまな事象で早急な変化が生じている。科学技術、メディア、情報機器、医療、玩具、習い事・塾など、その急激な変化は多岐にわたっている。数年も経てば「常識」や「典型」が変わってしまう。祖父母世代が子育てをしてきた時代のものと、現在の孫世代が経験しているものの間には、いろいろなところで大きな隔たりができている。まして、祖父母世代が自分で幼少期に見聞してきたものとは、比較もできない。祖父母世代が孫世代のことがわからないのはある意味で当然であり、今の時代に合ったことを学習せねばと

考えるのは無理もない。

　また、今日の家族の居住形態も関係している。時代の進展とともに、3世代が同居する拡大家族は減少している。しかし「修正拡大家族」と称される、祖父母世代と親世代が近場に居住するようなケースは多々存在する。これは、現代の家族形態の特徴の1つとして、そもそもは米国社会学者リトワクによって説明されてきた（Litwak 1960）。3世代同居は減ったものの、全く関係ないほどに距離があるわけでなく、むしろ適度な関わりを保つ関係性が根強くあるという。孫と寝泊まりは一緒にしていなくとも、日中に孫の面倒をみねばならない祖父母や、降園時のお迎えをしたり、親の帰宅まで一緒に過ごす役割をになう祖父母は、決して珍しくない。同居しているほどには孫のことがわからないが、しかし一定程度は孫のことを理解していなければならないという祖父母の姿である。

　このような社会的背景から、祖父母たちは孫世代とのギャップを埋めるために、学習機会を欲していることがみえてくる。今どきの孫世代のことは簡単に理解できない。しかし、孫ともっと関わりを持ちたいし、その必要があると考える祖父母にとって、意図的な学習の機会が欲せられている。

　本章では、こういった祖父母世代のニーズに応えるべく、現在実施されている祖父母講座の実態を報告する。そして、関係する理論と実践について、プログラム評価という研究領域を基軸にして、検討したい。

2．祖父母講座の実態
　　　──どんなふうに実施されているか？

　本節では、祖父母講座の実態について論じたい。実際、祖父母講座はどのようにして実施されているのだろうか。

　じつは、祖父母講座というのは、1つの市区町村のなかで複数の部署で実施されうるものであり、全国的な傾向として管轄部署を特定するのが難しい。そんななかでも、代表的な部署の1つは教育委員会であり、教育委員会の「社会

教育」あるいは「生涯学習」の担当部署が一般的に実施している。

　この実態を、客観的・数量的に把握したいがために、筆者は2度にわたって全国悉皆調査を実施した。全国の市区町村を例外なく対象とし、すべての市区町村に対し、郵送で質問紙を配布・回収した。その結果、祖父母講座は2007年の第1回調査から、14ヶ所（回収票のうち1.3％）の市区町村で実施されていることがわかった[1]。その後の第2回調査（2013年）では、50ヶ所（回収票のうち6.2％）で実施されていることがわかった[2]。実施された自治体数にすれば約2.8倍の増加（14ヶ所→50ヶ所）であり、パーセントにすれば約4.8倍の増加（1.3％→6.2％）である。全体とすれば多勢を占めるものではないものの、変化それ自体では、十分な増加傾向にある。

　以上が教育委員会に関する実態だが、それ以外の部署でも祖父母講座は実施されている。例えば、健康や保健に関する部署（例：市民健康課）や、子育てに関する部署（例：子育て支援課）、福祉に関する部署（例：健康福祉課）などである。多岐にわたっており、自治体によって名称や枠組みが異なるため、一様に整理するのは難しい。

　筆者は、第2回調査（2013年）で、これらの諸部署（教育委員会以外）も対象にして質問紙の配布・回収をおこなった（第1回調査は教育委員会のみだった）。1つの市区町村に2通を郵送し、1つは教育委員会宛て、もう1つは「子育て支援関連部署」を宛先とした。どの部署が回答するかは受け取った側の担当者に委ねることとし、複数部署での実施が十分に考えられるため、調査票を3通同封した。この調査によって、教育委員会以外の諸部署の実態が明らかになる予定である（本章執筆時点ではまだ入力・集計が完了していない）。本章では、すでに入力・集計が終わっている教育委員会の実態のみを用いて、論じていく。

　なお、筆者は継続的にヒアリング調査も実施している。2013年2月以降、全国における市区町村にて、講座の担当者に質的調査を実施している（訪問面接法および電話法）。そこから得られた情報についても、本章では言及していく。

　さて、このような調査方法によって得られた情報をもとに、祖父母講座の実

態について論じるが、まずは参加者の特性についてである。参加者にはどのような人たちがいるのであろうか。

　主にヒアリングによる質的調査の結果からであるが、年齢的なことでいえば、ある祖父母講座の調査によると、60代が平均的と報告された（斎藤 2014）。まだ祖父母になりたてか、あるいはこれから祖父母になる予定（子ども世代が妊娠中）の人もいるようだった。ただし、孫と同居している人より、別居している祖父母のほうが多い傾向にあるという。男性よりも、女性のほうが多めであることも報告された。

　講座の形式としては、主に「講義形式」と「参加・実技型形式」に分類できる（事例の紹介として、斎藤（2014）を参照）。

　「講義形式」とは、近年の子育て事情について、講師が1～2時間ほど費やして講義するのが主流である。講義の内容としては、次のように多岐にわたる。

　例えば、今の子どもの社会環境に沿って、孫にいかに声かけをするかについて解説される。あるいは、祖父母の世代から継承される昔ながらの遊びを題材として、孫と過ごす時間に取り入れる工夫について解説される。また、医療や健康に関する講義もあり、子どもの発達と起こりやすい事故について、年齢別に解説がなされたり、事故の予防法と救急処置について解説されたりする。また、食について扱う講義もあり、今どきの子どもの食生活の現状が解説されたり、行事食や祖父母世代と一緒にする食事の意義が説明される。また、昨今の子どもや親世代の好む絵本や、その選び方が解説される講義もある。あるいは、乳幼児をもつ祖父母が対象の場合には、赤ちゃんむけのマッサージや沐浴が講義されることもある。かつての子育てのとき実際に自らの子どもに携わってこなかったであろう、とりわけ男性（祖父）が意識されたものもある。

　一方「講義形式」以外として、参加者がより主体的に関わる形の「参加・実技型形式」がある。比較的少人数（おおよそ数名から20名程度）で開催されるのが一般的である。この形式では、祖父母世代が孫世代と何らかの活動やイベントを通じて交流するものがよくみられる。例えば、孫世代と一緒に手遊びや運動などをするものもあれば、一緒に昔の玩具や楽器をつくって遊ぶものも

ある。どこかに一緒にでかけたりするものもある（社会科見学など）。あるいはグループワークのように、祖父母が互いの問題や悩みを相談しあうものもある。対象が乳幼児の祖父母の場合、マッサージや沐浴の実演などがおこなわれることもある。

講座の回数としては、一回かぎりの単発のものもあれば、何回かにわたって出席が求められ、数回で1シリーズが構成されるものもある。市区町村の広報誌やホームページ、掲示板やチラシなどで市民への周知がなされている。

3．理論と実践の狭間で
――何が問題か？

本節では、既存の研究で提示されてきた知見や観点などに言及しながら、祖父母講座の実践について議論する。主に「プログラム評価」という研究領域から、祖父母講座の「効果」をどう捉えるかについて、議論する。

米国や豪州、カナダなどの社会においては、プログラムの効果をどう測るか（可視化するか）についての研究が、1つの領域としておこなわれてきている（例：Crane 1998; Hawkins, et al. 2008）。個々のプログラムでどのような効果が想定され、実際その効果がどれほどあがっているかが検証される。具体的な手法としては、プログラムの事前と事後に参加者にアンケート調査をおこない、参加者の態度やスキルなどがどう変容したかを測るのが主流である。いわば、プログラムの「アウトカム（outcome）」が評価対象となっている。

例えば、親を対象として実施されているペアレンティング・プログラム（parenting program）でいえば、ソーシャルスキルとして、子どもに接するスキルがどれほど向上したかなどがアウトカムになりえる。また、心理的側面として、子どもへの態度がどうポジティブに変容したかなどが数量的に測られる。これらはプログラムのアウトカムに当たる側面といえる。

ひるがえって、日本における実践はどうだろうか。アウトカムに相当するものは、あまり明確に可視化されていないのが実情である。たとえプログラムの

影響が意識されるとしても、厳密な意味でのアウトカムとはいいがたい。祖父母プログラムでいうと、実際に祖父母たちが行動面・意識面などで変容したかどうかがアウトカムとされるべきなのだが、それらはほぼ問われていない。

　実際、筆者の2013年の全国調査では（祖父母講座を実施する50ヶ所のうち）1ヶ所だけしか「事前と事後の調査で参加者の変化を測る」に該当した市区町村は存在しなかった。

　アウトカムを厳密に分析することによって、プログラムの反省をおこなうことが可能になり、次回以降にむけて改善策を示すことができる。逆に、それなしでは単なる「やりっぱなし」になりかねない。

　しかし、わが国のプログラムは、行政側が反省を何もしていないのかというと、そうともいえない。少なくとも「アウトプット（output）」には注目している。つまり活動結果ともいうべき側面であり、具体的には、参加者人数あるいは開催回数などが意識されている。講座は何回開催されているか、個々の講座に何人の参加者がいたか、などである。

　しかし、これらはアウトカムではなく、やはりアウトプットの域を出ないものである。参加者をいかに変えたかということはなく、むしろその対象が何人集まったか、あるいは変えるための機会を何回設けたか、といった側面である。こうした側面もたしかに重要ではあろうが、しかし厳密に効果が問われて、その後に反省・修正を重ねながらクオリティを高めるというサイクルにはつながりにくい。毎年同じものを実施すること自体で完結してしまうかのような慣例になりかねない。

　換言すれば「やったという実績そのもの」がわが国の現状では重視されているといえる。どんな事業をどんな手続きのもとにおこない、どれぐらいの参加者が集まったかという実績である。これは「アカウンタビリティ」という、実績の説明性を重視する、現代日本の政治的な特徴の一端なのかもしれない（山谷 2012）。

　例外的に、日本でもアウトカムが測定されるプログラムがないわけではない。例えば、行政と研究者が連携して実施する、時限つきの事業などでは、まれに

市区町村が参加者の事前事後の変容を客観的に測る試みがおこなわれている。ただし、あくまで例外的である。

また学術研究ということでいえば、日本では「親準備性」といった概念についての研究がおこなわれている例も少ないながら存在する。主に青年期後期の学生を対象とし、実習などの体験学習によって、いかに参加者の行動や態度などが変容したかが測定される（伊藤（2003）が丁寧に整理している）。しかし、この種の研究においては、実際の親や祖父母が対象ではなく、これから親になろうとする被調査者が主である。

このように日本では、行政現場の実践においても学術的にも、プログラムの効果をアウトカムで評価することは一般的ではない。

では、なぜ米国などとこのような違いが生じているのだろうか。日本の現状について、いくつかの点から考察してみたい。

まず、わが国の行政担当者のスキルの問題がある。プログラムを実施するのはいいが、それをアウトカムによって評価する方法を知らない。さらに、企画・運営担当者だけでなく、予算配分を決定する担当者側もアウトカムについて気にしていない。当該事業を継続するか、廃止するか、あるいは予算を増やすか、減らすかなどのディシジョンメイキングにあたって、主に意識されるとしてもアウトプット（開催回数や参加者人数など）である。だからこそ企画・運営担当者も、参加者個々の変化を数量的に示すというモチベーションを持ちえない。日々の業務で多忙ななか、求められないことまでやれないのは当然である。

また、わが国では行政だけでなく一般市民もアウトカムを評価することになじみがない。その理由の1つとして、評価をわざわざ学習できる環境にないことがある。教育機関では講座や専攻が整っておらず、学位を取得するためにアウトカム評価の知識やスキルを身につける機会がない。さらに、たとえ入職した後であっても、アウトカム評価に関する研修がなされるわけでもない。

学習環境が整っていない背景には、研究者が手薄なことがある。かつてプログラム評価に関する研究が米国などで盛んになり、日本に紹介されたとき、日本の研究者たちは、こぞって理論や概念の整理に終始した。プログラムという

概念や、評価という概念が、いかに日本の実情に適用されうるかに議論が集中した。言い換えれば、実際に自らがプログラムを実証するような研究者があまり育たないまま、現在に至ってしまった（山谷（2012）に詳しい）。

以上のような複合的背景により、日本ではプログラムのアウトカムが厳密に問われないまま現在に至っている。

しかし一方で、筆者の調査によれば、ほとんどのプログラムが行政担当者によって「参加者に何らかの効果がある」と信じられているのも事実である。2013 年の第 2 回全国調査では、「当事業が参加者に効果を与えていると思うか」という問いに、祖父母講座を実施する 50 地区町村のうち 48 ヶ所が「大いにそう思う」（34 ヶ所）あるいは「まあそう思う」（14 ヶ所）を選んだ。つまり、効果を検証していないものの、担当者たちは何らかの効果を信じているという不思議な事態である。これは、理論と実践のあいだの隔たりといってよい。

4．今後にむけて
　　　——異世代をつなぐ鍵として

行政担当者たちは、じつはプログラムの存在意義を、アウトカム以外の側面にも想定していることに注目する必要がある。

筆者は、第 2 回全国調査（2013 年）で、プログラムが「参加者にとってどんな意義があるか」をたずねた。行政担当者たちの回答の分布は、次のようになった。

まず、「参加すること自体に意義」があると答えた自治体は 26 ヶ所もあった。これは祖父母講座を実施する全 50 か所のうち 52％にあたる。また「楽しみや安心感などの心理的意義」と答えたのは 32 ヶ所（64％）、「知り合いや仲間を増やす意義」と答えたのは 24 ヶ所（48％）に及んだ。つまり、アウトカム以外に、参加そのものや、楽しみや安心感、仲間づくりなど、多側面からプログラムを実施する意義が想定されていることがわかる。

担当者たちにヒアリングしてみると、参加者たちの「声」を重視しているこ

ともわかる。講座後の感想として「参加してよかった」「楽しかった」などの声が参加者からよくあがると語られる。参加者たちはプログラムの経験を肯定的に受け止め、実施した行政側に感謝をしているのだろう。それによって、行政担当者もプログラムの意義を感じている。しかし、理論的にみれば、効果をあげているか否かをアウトカムという点から可視化していないという事態は解消されないままである。

　一方で気になる発言が、行政担当者から語られることがある。「やり方は知らないが、できるものならば、自分たちの尽力しているプログラムがいかなる効果を参加者に与えているのか、しらべてみたい」のようなものある。アウトカムの評価について、このように興味をもつ行政担当者は少なからず存在する。筆者がヒアリングした限り、複数箇所でこうした希望が表明されている。

　さらに、第2回全国調査（2013年）でもこうしたことは確認された。質問紙の最終項目として自由回答を設定したが、そこで「効果」について言及されたものがあった。例えば「効果のある実践をしていきたい」「効果を持続させていきたい」といった文言の自由回答である。つまり行政担当者によって、何をもって効果とするのかという概念整理や、どうやってそれを可視化するのかという調査分析スキルなどが、多かれ少なかれ欲せられている。

　実際に世の流れは、自治体財政の窮状もあり、各事業の実績が厳しく評定されつつある。今年実施した事業が、次年度は縮小するかもしれない、もしくは廃止されるかもしれない。まして祖父母講座のように、目にみえて形になる成果がわかりにくい事業は、縮小・廃止の対象になりやすいとも嘆かれている。

　現場のこうした意見や効果を出してみたいという希望は、決して単なる個人的思いではなく、事業の存続や発展の鍵になるものでもある。講座参加者たちがささいことであれ「何かが変わった」ことを感じているからこそ、評価してみたいという背景があるのだろう。

　これは祖父母講座だけにいえることではない。家庭教育（あるいは parenting program）関連のものとしてだけでも、母親講座、父親講座、青少年むけ講座などが全国自治体で実施されており、それらにも同様のことがいえる。家

庭という枠をめぐって、異世代をつなぎあわせるための学習機会が公的に実施されているが、こうした機会をいかすか殺すかは、プログラム評価という研究領域と不可分ではない。

本章でとりあげた祖父母講座は、世代間交流活動の全体からみれば、ほんの一側面でしかない。しかし、祖父母への教育というものがいかに効果をあげうるかを精査すること、それはとりもなおさず、今後の祖父母世代と孫世代の関係性をいかに築いていくかという問題と無関係ではない。本章でみたように「自然に祖父母になれない」人たちによる学習機会のニーズは高まっている。ニーズを抱える祖父母たちが、いかに孫世代との関係性を築いていくか、行政は公的にどんなプログラムによって対応していくのか、今後も引き続き議論が必要である。

注：
1）全国1,841ヶ所（調査当時）の市区町村教育委員会のうち1,053ヶ所から回収された（回収率57.2％）。筆者による科学研究費調査（「親力」向上講座に関する実証的研究、2006～2007年度、課題番号18830067）の一環だった。
2）全国1,742ヶ所（調査当時）の市区町村教育委員会のうち812ヶ所から回収された（回収率46.6％）。筆者による科学研究費調査（「親力」向上にむけた行政の取組み―父親や祖父母も対象にした包括的な親支援のあり方、2012～2015年度、課題番号24730478）の一環だった。

引用・参考文献
Crane, J. (ed.), *Social Programs that Work*, New York: Russell Sage Fouondation, 1998
Hawkins, A. J., K. R. Lovejoy, E. K. Holmes, V. L. Blanchard, E. Fawcett, "Increasing fathers' involvement in child care with a couple-focused intervention during the transition to parenthood," *Family Relations*, 57(1), 2008, pp.49-59
伊藤葉子「中・高生の親性準備性の発達」『日本家政学会誌』54-10、2003年、801-812頁
Litwak, E., "Occupational mobility and extended family cohesion," *American Sociological Review*, 25, 1960, pp.9-21
斎藤嘉孝『親になれない親たち―子ども時代の原体験と、親発達の準備教育』新曜社、2009年
斎藤嘉孝「祖父母むけ公的プログラムにおける効果評価とリクルーティング―"孫育て講座"に関する事例検討」『法政大学キャリアデザイン学部紀要』11、2014年、215-227頁
山谷清志『政策評価』ミネルヴァ書房、2012年

第7章　作る・食べることの実践と子どもの食育
　　　――食の世代間共有

山本　玲子

　食の世代間継承として、若い世代が地域の伝統食を祖父母・両親世代から家庭内で教わる・体験する[1)2)]、あるいは学校で調査・体験・実践する[3)]、地域での世代間交流企画[4)]などがある。筆者らは幼稚園での食育、地域での中高年男性を対象とした料理講習会、一般住民を対象とした食品流通やだしの講演会・親子での味噌つくり、小学校でのファミリー料理教室などを行ってきた。

　本章では、行政栄養士・保健師・大学食育グループ（学生・教職員）による、主に子どもが作り、親子で食べることを通して低年齢の子どもの食の自立と親が子への世代間での食の知の継承を図った地域食育事例について報告する。

　この事例の手法は次のとおりである。まず、①「おにぎりと味噌汁つくり」を、子どもが調理に対する興味を持ち、ひいては独りでも食事を作れる自信と食事作りに必要な安全・安心の意識を持つきっかけとする。また、②保護者には、食の専門家による、バランスの取れた食事や和食の利点についての知識、味噌汁のだしの取り方、おいしいおにぎりの握り方などの確認とともに、日頃なかなか手も眼も届きにくい子どもの食育に関心を持ってもらう。最後に、③子どものつくった食べ物を親子で共に食べることで、それぞれの知識や体験を印象深く受け入れ、親の子に対する食に対する知見を伝えやすくする。

1．対象と方法

参加者：宮城県名取市Y地区、3歳から9歳頃までの子ども15人（表1）およびその保護者9人（うち父1人、母8人）計9家族24人（ほか2歳児2人）。Y地区全戸配布公民館だより、子育てサークル、児童センターへの呼びかけによる申込者である（申込受付：大学エクステンションセンター）。画像の匿名

記載使用については会場にて同意を得た。

準備とスタッフ：企画の作成、統括、主催2団体打ち合わせ、会場確保、案内ポスター作成・配布、公民館だより・市広報文案作成及び掲載依頼、予算確保、質問紙作成、受付・参加者リスト作成、栄養教育用ポップ制作・調理用器具の点検・材料購入・会場レイアウト決定、おにぎりづ

表1　年齢別参加子ども数　　単位：人

	3歳	4歳	5歳	6歳	7歳	8歳	9歳	計
男	2	1	0	1	2	0	1	7
女	2	1	2	1	0	1	1	8
	4	2	2	2	2	1	2	15

表2　当日の流れ（概略）

時間	内容		
9：00	スタッフ集合、流れ・役割の最終確認、材料を調理台に分ける（味噌汁3台分、おにぎりの具4台分＋スタッフ分）、米とぎ、食器の準備、会場・受付準備		
10：00	受付：名札を書いてもらう→和室へ誘導		
10：15	和室で各自、身支度をする。		
	調理室	会議室	和室
10：20〜			オリエンテーション、挨拶 本日の流れと趣旨説明
10：30〜	子どもだけで味噌汁を作る・煮干しだしから作ってみる。・小さい子でも出来るように手でちぎる材料で作る。（キャベツ・油揚げ・人参・しめじ）	親向けの講義「食生活と健康について」「和食を見直そう！〜おうちでもおにぎりや味噌汁を作りませんか？」	託児 2歳児2人 申込外0歳児1人（保護者に見てもらう）
11：00〜		親子で紙芝居を見る・導入「おむすびころりん」	おにぎり作りの会場設営・食卓配置：3×2島、材料準備
11：15〜	おかずを作る（スタッフ）・卵焼き・大根の煮物→当日朝、大学で作って持参する。		親子でおにぎりをつくる 好きな具でオリジナルを作ろう！・おにぎりの分量を量ってみる。
11：30	味噌汁を温め、配膳する おかずも配膳する（学生）		
11：45			いただきます！ 今日の感想などを聞きながら一緒に食べる
12：10	あとかたづけ（親・スタッフ）		子ども食育クイズ（学生） 本日の食材についてのクイズ
12：30			その他、アンケート記入
13：00	終了		

くり・汁物づくりの補助、2歳児以下託児保育、子どもへの対応などにS大学栄養系学科教員5人（うち男性2）・職員2人（うち男性1）・学生（1～3年生女性のみ）13人、N市保健センター栄養士2人・保健師2人、計24人が関わる。

開催期日・会場：2005年3月22日（土）10時～13時　Y地区公民館

当日の流れ：当日の作業工程概略は、受付後3か所に分かれて行われた(表2)。調理室での味噌汁、おかず作り。会議室での講話と紙芝居。和室での託児保育、おにぎり作りと喫食、クイズ、アンケート回答など。

主催：N市、S大学（共同研究助成「食育ネットワーク構築に関する研究」）

2．結果

子どもは味噌汁つくり：お母さん、お父さんから「お願いします。おいしく作ってください」と声を掛けられて、さあ始めるぞ！元気いっぱいスタート（図1）。まず、手を洗います。だしは煮干し。キャベツ、しめじは手でちぎり、ニンジ

図1　味噌汁つくり

ン、油揚げは片方を猫の手にして、包丁で刻む。

食と栄養講話：子どもたちが味噌汁を作っている間、保護者は2つの講話（各15分間）を聴く。行政栄養士からは「食生活と健康について」（バランスの良い食事とは、和食を見直そう）。臨床栄養学教員からは「おうちでもおにぎりや味噌汁をつくりませんか？」（だし汁の取り方3種類、おいしいおにぎりの作り方、子どものごはんの1食分の量と大人の1食分量について）

子どものおかずつくり手伝い：少し大きい子は卵焼き用の卵を割る。小さい子はかき混ぜる（図2）。ざるやボウルを洗って、調理場をざっと片付け。

おかずつくり：味噌汁を仕掛けた後は、教員・学生が調理室で主菜・副菜（卵焼き、出汁巻き卵、大根煮付け）、デザート（フルーツポンチ）つくり。

食事室の準備：スタッフの一部は、食事室の机の配置、おにぎりの具の準備、見本用のカレーむすび作りとそのレイアウト、卵焼きや煮物の盛り付け、デザートのフルーツポンチ準備。

親子で紙芝居：和室で食事準備が行われている間、会議室で学生による紙芝居「おむすびころりん」を親子（保護者は全員親世代のため親子と記述する、こ

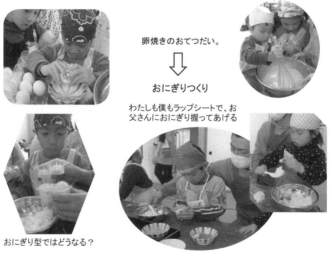

図2　おにぎりもつくった

第7章 作る・食べることの実践と子どもの食育

こでは2歳の子も参加）で鑑賞。子どもたちは前に陣取り笑ったり、大きな声で応えたり。高学年の子はちょっとよそ見。保護者の半分は後方でまつわりつく2歳児をあやしたり、あちこち見回したりも。

次は、おにぎりつくり。1家族450gのごはん（おむすび10個分目安）を入れたボウルを横に、三角型や俵型にごはんを入れて、ぎゅっと押す。ラップシートにごはんをのせ、スプーンやお箸をつかって、おかか、しそ昆布、シソゆかり、コーン、きな粉、梅干し、鮭バター、じゃこ、枝豆、白ゴマ、柚子みそなどから好きな具を選んで、ラップに包んできゅっきゅっと握る。のりを巻いて、出来上がり（図2）。

いただきます：ようやく食事室の設営・準備が整い、今日の感想など話しながら、おいしく頂く（図3）。「おいしいね。」「お母さん、私がつくったおにぎり食べてね。」「家に帰ったら、また作りたい。」「（包丁で切る時に）猫の手（包丁を持つ手と反対側の手指を掌側に向けてまげると指にけがをしないで切る事ができる）が上手になりたい」「もう自分でできるよ（おにぎり型を手に）」。「包丁を使わないでも野菜調理ができるんですね。子どもも喜んでいます」「家ではお手伝いもしてくれています」「子ども用の包丁に絵がついていましたね。初めてだったせいか、模様に気を取られて手元が危なかったね」「包丁これまでも使っていたけど猫の手教えてもらって良かった」「こんなにいろんなおにぎりできるんだ。楽しい」

ごちそうさま・後片付け：みんなで食卓の食器をまとめる。その後は、子どもたちから「片付けよろしくおねがいします」と声をかけられながら、保護者の方、スタッフが調理室で洗い物、後片付け。

原料あてクイズ大会：子ど

図3　おいしいね、もくもく食べる

もたち全員が鉛筆、キッチングッズなどを貰う。嬉しさいっぱいで手を挙げてみんなに見せていた（表3：クイズ内容）。

保護者へのお土産：①お花見弁当手書きレシピ（おにぎり、お肉のアスパラ・人参野菜巻き、菜の花とレンコンのからし炒め、しいたけの利休揚げ）、②おにぎりといちごのマスコットつき手づくりマグネットでレシピを冷蔵庫にはって調理を！（図4）。

表3　原料あてクイズ

①味噌はなにからできている？
②きなこはなにからできている？
③しょうゆはなにからできている？
④あんこはなにからできている？
⑤あぶらあげはなにからできている？
⑥こんにゃくはどのおいもからできている？
⑦にんじんの葉っぱはどれ？
⑧3月22日はおにぎりの日である！○か×か？

①から④までは、お米、大豆、小豆をペットボトルに入れて（2本ずつ）両端からまわして、子どもたちに考えてもらう。
⑤から⑦までは、3枚のイラストカードから選んでもらう。
⑧だけ、○×問題。ひっかけられる人が何人でるかお楽しみ！

図4　イチゴとおにぎりのマグネット

3．考察

今回、報告した世代間交流の実践企画の内容は、下記のようにまとめられる。
＜子どもたちが自分で食事を作る力をつける＞
①子どもたちで、具沢山、汁沢山の栄養バランスのとれた汁物をつくる
②子どもたち自身で、いろいろな方法や具による変わりおにぎりの作り方を経験する（保護者は傍で子どもを見守り支援するだけで手を出さない）
③クイズ大会～今日、自分たちが食べた物は何からできていたのか理解する
＜保護者に子どもと食に目を向けてもらう＞
①保護者への「子どもの食育」に関するセミナー
　（1）バランスの良い食事とは～主食・主菜・副菜を揃えるところから
　（2）和食の味を覚えよう！～だしの味を覚えて生活習慣病予防へ
　（3）楽しい食卓とは？～食事の時間は楽しいですか？

②親子で紙芝居を見る

③感想など話しながら、みんなで、いただきます！ごちそうさま！

　子どもが適切なストレス耐性を持つ心身を持って成長するには、バランスの取れた食事が必要である。そのためには、食と栄養に関する知識だけではなく、子どもの自炊能力の涵養が必要である。

　一つの指標として、朝食を食べない子どもの問題がある。N市の食育調査[5]では、6歳未満幼児の朝食欠食率は2013（平成25）年5.2%で、2007（平成19）年の5.1%にくらべ、改善がみられていない。その欠食理由として、2歳半、5歳児の保護者の5割が、また3歳半児保護者の3割弱が「子どもが食べたくない」のだと答えている。さらに、2歳半児の25%、3歳半児の15%、5歳児の5割が「食べる時間がないから」子どもは朝食を欠食するのだと保護者は答えている。これは、何を示しているのであろうか。2005（平成17）年、宮城県T市S小学校2年113人、4年100人、6年110人の計323人に対して行った調査[6]では朝食欠食率は午後10時以降就寝者で21%、午後10時前就寝者で9.4%であった。生活リズムと朝食欠食との関連については大学生でも認められている[7]。さらに毎日の食事で主食・主菜・副菜バランスよく三食摂っている群では、生活リズムが朝型で、ほぼ毎日朝食摂取、菓子・甘味飲料などの摂取は少なく、食に関する知識と有意な相関を示した。このことから、よりよい食生活のためには、夕食の充実、快眠環境整備、実践的食事スキル学習（手秤で食材の重さを知る、自炊技術）などが有効と考えられた。このような食習慣や生活習慣、スキルを身につける事は早ければ早いほど、より効果を表すと考えられる。

　健康行動実践のためには計画的行動理論[8]では、①行動にポジティブな気持ちを持つ「行動への態度」、②周りからの期待にこたえようと思う「主観的規範」、③その行動は簡単だと思う「行動コントロール感」、の3つが持てるように指導すれば良いという。また、トランスセオレティカルモデル（TTM）／行動変容ステージ理論では①変化ステージ、②変化過程、③意志バランス、④自己効力感を要素としている。ある行動が望ましい結果をもたらすと思い（結果期待）、その行動をうまくやることができるという自信がある時（自己効力

感）その行動をとる可能性があるとし、適切なステージに適切な働きかけをしていけば健康行動を変えることができるという[9]。森谷は健康行動理論としてのTTMが個人だけでなく集団の食行動変容にも有効であると報告している[10]。

参加保護者は、セミナーに申し込むという点で行動変容時期としては関心期にある人々と考えられる。企画終了後の感想からこのような時期にある人々が今回の企画に参加することで、より良い結果をもたらす食行動について知り、あるいは再確認し、さらに専門家に接し、子供たちへの食育について、うまくやれる・うまく道を見つけたという結果期待と自己効力感を持ったことが推察できた。さらなる健康的食行動変容につながる可能性が認められたといえよう。また、家族として幼い子どもらが喜々として食事作りをしたことで、子どもも保護者も共に家族に対して持つ満足度を更に高めたと考えられる。

子どもたちは計画的行動理論の3つの要素（ポジティブな行動態度、期待にこたえようとする主観的規範、行動コントロール感）全てを示した。すなわち、この企画参加をきっかけに食に興味をもち、家庭やその他の場で積極的に子どもが食の知識を得たり、実践的スキルを身につけ自立を図る可能性が高いことを示す。この様な子供の変化は、保護者との距離を広げるのではなく、厨房に入る機会が増え、共通話題を話せるため、むしろ家族の物理的・心理的距離を小さくするとも考えられる。この事は、聞き取りをしてくれた学生の次の記述「子どもたちの食品知識は体験を通して強く記憶に残っているのが分かり、体験の大切さを痛感した。小さな子がおにぎりをまた作りたいというのを聞き、今回の目的である『子どもが、一人でも安心・安全に食事を作る意識と作れる自信を持つこと』が達成できたのではないかと思った」や「最初は不安げだった子どもが楽しげになる時を共に過した。そうした後で、お料理に対する意欲を持ち元気になった子ども、我が子を見守り声をかけるお母さん達の姿が印象深く、親子共に作る楽しさを共有することで食育への関心も深まったのではないかと感じた」からも覗えた。

今回の最も意図せぬ効果は協力学生全員が企画参加を通して栄養系学生としての自分の将来に意欲が湧いたと述べたことである。このおにぎり交流会で、

子どもの力、やや上の世代の佇まいから、彼らが学んだ事も大きかったと考えられる。

4．結論

地域で幼児・児童、学生、児童・生徒の保護者（成人社会人・親）を巻き込んだ「おにぎり交流会」を企画・開催した。このような世代間の交流は、家族の関係を緊密にした。また、異なる世代の協力・反応を見ることで、それぞれの食知識に対する認識、食スキルについての自己効力感、今後の食行動変容などがより効果的に得られる可能性が高いことが認められた。

引用・参考文献

1) 新澤祥恵・中村喜代美「正月の食生活におけるおせち料理の喫食状況の変化」『日本調理科学会誌』34、2001 年、89-98 頁
2) 田原美和「沖縄の「伝統食」継承に関する調理学的研究（第 2 報）世代間の実態・意識調査をとおして」『琉球大学教育学部紀要』74、2009 年、59-68 頁
3) 小林京子「先人の知恵に学ぶ：伝統文化の継承（第 2 部 教科研究）」『中等教育研究紀要』広島大学附属福山中学校・高等学校、45、2005 年、255-260 頁
4) 田中 美幸「家族・地域と園を結ぶ・開かれた教材 ミソ造りの実践を通して（その 5）―幼稚園における親子のみそ造り体験から見えてきた食文化活動への拡がり―」『常葉学園短期大学紀要』42、2011 年、139-156 頁
5) 名取市食育推進会議『「元気なとり」食育プラン 最終評価アンケート報告書』名取市、2014 年 1 月 24 日、3-6 頁
6) 山本玲子「食と家族コミュニケーション」第 8 回日本コミュニケーション学会東北支部研究大会 シンポジウム講演、仙台、2007 年 10 月 27 日
7) 山本玲子、川村糧子、田島裕之、宮澤志保、櫻井美紀子、高橋千春「生活リズムと食行動・食意識との関連に関する研究」『尚絅学院大学紀要』56、2008 年、215-226 頁
8) Ajzen, I. The theory of planned behavior. *Organized Behavior and Decision Process*, 50, 1991, pp.179-211
9) Prochaska,J.O.,Velicer,W.F. The transtheoretical model of health behavior change. *American Journal of Health Promotion*, 12, 1997, pp.38-48
10) 森谷潔「健康のための行動変容における「健康行動理論」の有用性の検討」『天使大学紀要』7、2007 年、1-14 頁

第8章　大学生における高齢世代との交流意識とエイジズムとの関連

谷口　幸一

1．超高齢社会の光と影

　2014年6月現在、日本の高齢化率（全人口にしめる65歳以上の割合）は24.98％となり、他方、生産年齢人口（15〜64歳の人口）が61.98％、年少人口（0〜14歳以下の人口）は13.04％となっている（総務省、2014）[1]。現役世代と子ども世代の減少傾向は止まらず、今後は高齢化率がさらに加速し、2040年頃には40％に迫ると推計されている。高齢者が増えると、年金受給者が増え、医療費が増大し、家族や社会の扶養や介護の負担が増加するという負の情報が多く流され、半面加齢によって知識・経験や知恵が蓄積されていくという老いのプラスの側面が軽視されている傾向がある。このように、一般社会が暗黙裡に認める人の老いることに対する見方や捉え方を「エイジズム」（ageism: 高齢者差別）として最初に定義づけたのが、米国の老年精神医学者のロバート・バトラー（Butler, R.N. 1969）[2]であった。改めてバトラーのエイジズムの定義を紹介すると「年をとっているという理由だけで、高齢者を組織的に一つの型にはめ、差別する態度」である。当時のアメリカにおける高齢者の生活が悲劇に見舞われることが多いのはなぜかという疑問に対する答えとして「エイジズム」の概念を提唱した。

2．高齢者への差別次元

　高齢者を差別する観点として、藤田（2010）[3]は、「1.イメージによる差別」、「2.潜在的な差別」、「3.知識による差別」の3つを指摘している。
　高齢者へのイメージに関する研究には、Osgood, C.Eら[4]が対象（人・モノ・

事象）に対する情動的な意味空間を測定するために開発した Semantic Differential（SD）法が用いられることが多い。この方法による我が国の研究成果として、佐藤・長嶋の研究（1976）[5]や保坂・袖井の研究（1987）[6]などがある。佐藤らの研究では、高齢者イメージは、地味な・悲しい・弱いなどの否定的な方向への偏りを示したこと、また保坂らの研究では、＜動的―静的＞、＜非生産的―生産的＞などに代表される「活動自立性」をはじめ、＜空っぽな―満たされた＞、＜不幸―幸福＞などに代表される「幸福性」、＜主観的―客観的＞、＜強情な―素直＞などに代表される「協調性」、＜消極的―積極的＞、＜内向的―外向的＞に代表される「社会的外向性」などが否定的な評価を示していた。

「潜在的な差別」に関する潜在的連合テストを用いた研究では、＜高齢者―快、若者―不快＞よりも、＜高齢者―不快、若者―快＞というイメージに対する反応時間が短いという測定結果から、無意識レベルの高齢者に対する態度を明らかにしたヒューマートら（Hummert, M.L. et al. 2002）[7]の研究がある。

「知識における差別」の代表的な研究には、パルモア（Palmore, E.B, 1990）[8]の研究がある。彼は、高齢者に関する知識を問う「The fact of aging quiz：FAQ」という尺度を開発し、高齢者に関する知識に正しく答えられなかった場合、その項目が高齢者に対する肯定的役割を示しているか、否定的な偏りを示していたかによって、肯定的差別態度、否定的差別態度を持っているかが区別されるとした。藤田（2000）[9]は、小学生から大学生までを対象として、FAQ尺度を用いた調査を実施し、肯定的態度は、学年の進行とともに低下し、中学生期を境に否定的態度は上昇するということを明らかにしている。

3．世代間交流意識とエイジズムの関連

以上の研究を踏まえて、谷口ら（2013）[10]は、保坂・袖井ら（1987, 1995）[11][12]の作成したSD法によるイメージ調査法に習い、大学生を対象として、高齢者（老人）に対するイメージを調査し、対象学生の基本的属性や高齢者に対する態度に関する設問との関連性を検討した。さらに、既述のパルモアが考案した

FAQ の観点から、高齢者の認知機能や生活実態に関する質問群（10項目）に対する考えを問う尺度（表1参照、内閣府2003)[13]を構成して、高齢世代との交流意欲との関連性を検討した。

1）調査対象者の特徴

本調査の対象者は、関東圏3県の国私立大学5校に所属する大学生（N＝1064人）であった。年齢は男子学生368人（35％）で平均年齢20.2歳、女子学生696人（65％）で平均年齢20.1歳であった。兄弟姉妹の数は、男子群で「2人」が50％、「3人」が30％、他方、女子群で「2人」が56％、「3人」が26％であった。父親の生存率は男子群で97％、女子群で98％、また母親の生存率は男子群で98％、女子群で98％であった。さらに祖父の生存率（1人以上生存）は男子群で72％、女子群で69％、祖母の生存率（1人以上生存）は男子群で92％、女子で93％群であった。また祖父母との同居経験は、男子群で35％、女子群で35％であった。以上の結果から、祖父の3割が他界していること、祖父母と今までに同居した経験のない割合が6割強いることが特徴と言える。大学生を調査対象とした理由は、近い将来、日本の産業、経済、政治を担う中心的世代となることから、超高齢社会の諸問題に関する彼らの関心・態度を知ることは極めて重要であるという認識による。

本調査の中で、高齢者世代との交流に関する設問に対する回答結果は、以下のようであった。

2）「日本の高齢者問題に対する関心度」は、＜非常に関心がある＞が男子で23％、女子で20％、＜少し関心がある＞で男子が57％、女子で62％、他方＜余り関心がない＋全然関心がない＞が男子で20％、女子で18％であった。男女ともに関心がないという回答は、ほぼ2割程度であり、関心があるという回答が8割であった。高齢者問題への関心の程度は、高齢者イメージと有意な関係にあった。とくに高齢者イメージの有能性、活動自立性、温和性の因子にその差が明瞭に示された。

3）「日本の高齢者問題の深刻度」については、＜相当深刻である＞が男子で76％、女子で80％であった。男女ともに8割前後が深刻な問題であるとい

う回答であった。高齢者問題の深刻度は高齢者イメージと有意な関連は認められなかった。

4)「日本社会では、高齢者は優遇されているか」の設問に対して、＜そう思う＞で男子が14％、女子で8％、＜まあそう思う＞が男子で48％、女子で48％であった。他方＜あまりそう思わない＞が、男子で37％、女子で40％であった。また＜そう思わない＞が男子で1％、女子で4％であった。男女ともに高齢者は社会で優遇されていると認める割合は、ほぼ6割前後であった。高齢者が優遇されているか否かと高齢者イメージとの間に有意な関連は認められなかった。

5)「高齢者に対する差別・偏見があるか」の設問に対して、＜大いにある＞が男子で11％、女子で7％であった。＜あると思う＞が男子で36％、女子で33％であった。＜多少ある＞が男子で39％、女子で47％であった。他方＜あまりない＞が男子で12％、女子で12％であった。＜全くない＞が男子で2％、女子で1％であった。程度の差こそあれ高齢者への差別や偏見があると回答した割合は、男女ともに8割以上であった。高齢者に対する社会の差別・偏見に対する認識度と高齢者イメージは有意な関係にあった。とくに高齢者イメージの有能性、活動自立性、幸福性、協調性、温和性の5因子にその差が明瞭に示された。すなわち、高齢者に対する社会の差別や偏見があると認める学生群の高齢者イメージは低い（好ましくない）という結果であった（図1参照）。

以上のように、高齢者に対する差別・偏見の認識の程度が、高齢者のイメージと強い関連性が示された。本来、「差別」とは「生活者があるカテゴリーの人々に対して忌避・排除する行為の総体」であり、この場合①行為の主体が意識的か無意識的かは問わない、②カテゴリーが実在のものか架空のものかは問わない、③行為客体が個人か集団かは問わない」と定義されている（森岡ら1993)[14]。この定義に従えば、高齢者に対する差別とは、年をとることは個人の努力ではどうにもならないものであるにも関わらず、ただ年を取っているという理由だけで、高齢者に対して忌避・排除などの侮蔑、あるいは非尊厳的な態度・行為をすることとなる（藤田2010)[15]。このように筆者らの実施した大学生対象の調

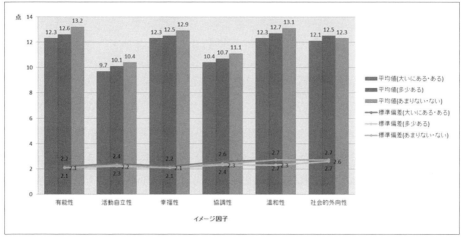

図1　高齢者に対する差別・偏見の認識の程度から見た高齢者イメージ因子の比較

査において、社会の中に潜む高齢者に対する差別・偏見の存在を認めている者は、自らにその差別・偏見を取り込み、エイジズムの直中にいると解釈することもできる。

6)「高齢者と交流したい」の設問に対して、＜交流したい＞が男子で49％、女子で56％であった。他方、＜どちらでも良い＞が男子で46％、女子で40％であった。また、＜交流したくない＞が男子で4％、女子で3％であった。高齢者との交流意欲の程度は、高齢者イメージと有意な関係にあった。とくに高齢者イメージの有能性、活動自立性、幸福性、協調性、温和性の5因子にその差が明瞭に示された。すなわち、高齢者世代と交流する意向がある学生群の高齢者イメージは良い（好ましい）という結果であった（図2参照）。相互理解を図るために老若世代間の交流の必要性が強調されている現代において、その効果を高めるためには、学生の交流意欲の程度をアセスメントしつつ、その交流意欲に応じて、両世代がともに興味をもてるような交流プログラムの内容が検討されていく必要があろう。人の習慣的行動の行動変容を目指すプロチャスカら（Prochaska, J.O.et al. 1992）[16]のトランス・セオレティカルモデル（transtheoretical model：TTM）に含まれるステージ理論は、幅広い世代間交流プログラムを構築する上で、有益な示唆を与えると思われる。

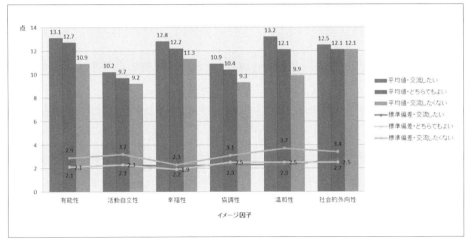

図2　高齢者との世代間交流の意向から見た高齢者イメージ因子の比較

　7)「高齢者一般についての考え方」(表1参照) について回答を求めた結果、以下のような回答結果が示された。

　表1の「高齢者一般についての大学生の考え方」(10項目) について、個別に回答を求めた結果、①「1.心身の衰えや健康面での不安が大きい」と認める割合は、男子で71%、女子で73%であった。「3.収入が少なく、経済面の不安

表1　高齢者一般に対する考え方を問う質問群 (10項目、内閣府2003)[13]

1. 心身がおとろえ、健康面での不安が大きい
[2]. 経験や知恵が豊かである
3. 収入が少なく経済面の不安が大きい
[4]. 時間にしばられず、好きなことに取り組める
5. 古い考えにとらわれがちである
6. 周りの人との触れ合いが少なく、孤独である
[7]. 健康的な生活習慣を実践している
[8]. ボランティアや地域の活動で、社会に貢献している
[9]. 貯蓄や住宅などの資産があり、経済的にゆとりがある
10. 仕事をしていないため、社会の役に立っていない

注) 質問番号に□のついた項目は、肯定的差別態度に属する項目である。その他の項目は、否定的差別態度に属する項目である。

が大きい」と認める割合は、男子で21％、女子で25％であった。「5.古い考えに捕らわれがちである」と認める割合は、男子で35％、女子で26％であった。「6.周りの人とのふれ合いが少なく、孤独である」と認める割合は、男子で22％、女子で27％であった。「10.仕事をしていないため、社会のために役に立っていない」と認める割合は、男子で5％、女子で2％であった。以上の項目は、「否定的差別態度に関する項目群」であり、対象学生の7割以上が選択した項目は、唯一「1.心身の衰えや健康面での不安が大きい」の項目であった。

他方「2.経験や知恵が豊かである」と認める割合は、64％、女子で70％、「4.時間に縛られず、好きなことに取り組める」と認める割合は、男子で36％、女子で44％であった。「7.健康的な生活習慣を実践している」と認める割合は、男子で17％、女子で16％であった。「8.ボランティアや地域の活動で、社会に貢献している」と認める割合は、男子で17％、女子で17％、「9.貯蓄や住宅などの資産があり、経済的にゆとりがある」と認める割合は、男子で14％、女子で17％であった。以上の項目は、「肯定的差別態度に関する項目群」であり、対象学生の6割以上が選択した項目は、唯一「2.経験や知恵が豊かである」の項目であった。

また、表2に示すように、高齢者に対する一般的考え方を問う項目群10項目の中で、肯定的差別態度に属する項目を多く選択した者は、高齢者の各イメージ因子の得点が有意に高く、反対に否定的差別態度に属する項目を多く選択した者ほど、高齢者の各イメージ因子の得点が有意に低いという関連が認められた。このように高齢者に対する一般的な差別態度は、高齢者のイメージに影響を与えていることが示唆される。

表2 「高齢者に対する一般的考え方」と「高齢者イメージ」の因子別得点との偏相関

高齢者に対する 一般的考え方	高齢者イメージ因子					
	有能性	活動 自立性	幸福性	協調性	温和性	社会的 外向性
肯定的差別態度（5項目）	0.267	0.101	0.297	0.094	0.217	0.214
否定的差別態度（5項目）	−0.221	−0.216	−0.168	−0.147	−0.168	−0.186

対象者数：N = 1060　　　調整変数：年齢と性別
有意水準（p<.01）：　　　表中の偏相関係数は、全て1％水準で有意

4．考察

　上手に歳を重ねることの条件を論ずるサクセスフルエイジングが、1950年代以降に提唱されてきた。その後の世界の高齢者人口の増加と生産年齢人口や年少人口の減少によって、高齢者層を社会で支えることの負担が増大し、年金・医療・介護という社会保障の面でも現役世代と高齢世代の受益度の世代間格差が拡大していることも事実である。この世代間格差が少ない社会が望ましいことは言うまでもないが、これらの問題は、個人の努力だけでは解決しない社会の側の課題でもあり、それらの世代間格差の意識を助長しているのが、社会に根強いエイジズムである。バトラーの提唱した5つの神話（加齢の神話、ボケの神話、非生産性の神話、平穏の神話、柔軟性欠如の神話）に示される高齢者に対する否定的差別態度や5S（"Sick"、"Senile"、"Sexless"、"Sedentary"、"Spent down"）と称される高齢者についての思い込みは、まさに個別性を無視した否定的な決まり文句であり、エイジズムの本質である。

　以上のような見方によって、社会における高齢者の地位や役割期待度が低下したり、疾病治療の努力に欠けたり、介護面での処遇などにおいても他の若い世代よりも低められた見方や評価を受けているなどの事実がある。このように、エイジズムは折々、高齢者に対する社会の側の責任逃れのための見方を支持する便利な手段になっており、「年齢による階層化（age stratification）」（Butler, R.N 1983）[17]を補強するものとなっていることが指摘されている。

　このような、社会に蔓延するエイジズムをいかに払拭していくかが、超高齢社会における社会的責任であり、教育上の重要な課題である。とくに教育的課題として、世代間の交流教育やエイジング教育がある。生涯発達的観点から徐々に確実に進行していく老いのプロセスを見通す教育、超高齢社会における高齢者の個性豊かで多様な生き方を紹介するための社会福祉教育が必要であり、その具体的な実践の場として、家庭教育・学校教育・社会教育の場がある。本論で紹介した大学生を対象としたアンケート調査の結果に示されたように、高齢

者についてのイメージは、高齢者や老いの現実に関して若者世代が抱く意識や態度と有意に関連している。とくに、老いの姿に抱く差別や偏見は、若者の高齢者との交流経験の希薄さが根底にあると思われる。

5．今後の課題

家庭・学校・地域という多様な環境で、幼児から大学生までの異年齢の世代を対象としたエイジズムをなくすための教育が求められる。そのための教育的課題は、以下のようなものであろう。

①該当科目に於けるエイジング教育教材の豊富な提供：地域に根ざした副読本の作成、退職高齢者の派遣・活用

②エイジング教育への理解を深める教師に対する研修機会の充実。ジェロントロジーの理念に基づく実践教育の充実

③世代間交流の充実：高齢者の多様な生き方を知る機会の充実。施設入居高齢者から在宅健康高齢者の日常生活を知る機会を提供する。施設、地域での目的別ボランティア活動の充実。とくに親子で共に行うボランティア活動の必要性

④高齢者のイメージが変化する中学校段階でのエイジング教育の強化

国際長寿センター主催の講演会（平成10年7月）において、当時のテンプル大学の世代間学習センター長のヘンキン博士（Henkin. N, 1998)[18]は、日米の高齢者と子どもの実態について、次のような比較考察を行った。

「日本の高齢者人口の年次比較をしてみると、1998年の日本は高齢化率16％、2010年には20％、2025年には30％と急速な高齢化の途上にある。他方、米国の高齢化率は1998年に12.0％、2030年には20％に至ると推計されている。両国とも、人口の高齢化について重荷と捉らえている。すなわち、家族にとっては介護負担が重荷であり、国にとっては医療・介護保険の財源不足と維持が重荷であり、生産年齢人口にとっては年金財源の確保が重荷となっている。高齢社会での今後の課題としては、「国家的課題」として、ひとり

暮らし高齢者のサポートの増加、プロダクティブな存在としての高齢者の社会的位置づけの施策の必要、家族の介護者をサポートする方法などがあげられる。また個人的課題としては、年を取ることの意味＝サクセスフル・エイジング（幸福な老い）の要件（従来の研究から、病気がないこと、無能力でないこと、活動年齢を維持すること、親密な人間関係を維持することなど）を整えることが重要である。とくに米国では一人暮らし高齢者は、家族からも見放され、地域社会からも切り離されて、孤立している者が多いのが実情である。さらに、米国における老若世代の生活実態の調査では、老人は、毎日テレビをみているだけ、自分たちの過去の諸経験を他の世代に与えるチャンスが少ないのが実情で、生き甲斐のない人が多い。また米国の若者は、大人とのコンタクトの機会や人生上の諸助言を与えてもらえる機会が少なく、こどもの４人に一人は、単親に育てられており、親との交流も十分でない子供も多い。米国の高齢者と子供世代との共通点として、ドラッグの使用量、自殺率、虐待、栄養失調、孤独という点で、他世代に比べて発生率は高い現状にある。他方、日本の子供の現状として、中学生の犯罪率は米国の子供の犯罪率の３倍と高く、また子供が攻撃的になっており、いじめ、学級崩壊、校内暴力、不登校などの問題の発生率も高くなっている。それらの背景には、学校社会、地域社会における"いたわり"や"優しさ"などのソーシャルスキルの育成の活動が欠けており、また早期教育から受験などの知育教育に偏重し、情操教育が欠落している。また、子供は将来の介護の担い手、社会を支える大人になるはずなのに、老いの問題なども含めた将来の見通しを子供に教えるプログラムが欠落している。さらに、家族成員は、本来、相互にサポートしあう機能を持っていたはずなのに、両親は外で皆働いており、お互いに面倒を見合う機会が少ない現状がある。日本では、多世代家族が減少し続けており、高齢者世代を含む３世代世帯は、全世帯数の６分の１以下に至っている。」（筆者、要約）

以上の日米両国の老親ケア・子どもケアに関する実情をみても、エイジング教育と世代間交流の重要性が改めて認識される。例えば、caring community

の構築、家に閉じこもっている高齢者のための対策、若者と老人を継続的につなげる交流活動などの実践プログラムが必要となる。

　カプラン・草野ら（Kaplan, Kusano et al. 1998）[19] は、日本の世代間交流プログラムの例として、次のようなものを例示している。
① Shared facilities：保育園と老人ホームを一つの建物の中に置き、相互の交流を日常的に行う活動
②中学校、幼稚園、老人ホームを一つの建物の中に合築し、交流活動を実践する活動
③高齢者に伝統芸術（クラフトなど）を教えて貰う活動
④昔話、伝統を口語りで教えて貰う活動
⑤老人に宿題を教えて貰う活動

　これらの世代間交流プログラムの効果として、子供の側の効果（両親の老いについて、自分の老いについて、地域の老人についてよりよく理解できるようになる）、高齢者の側の効果（孤独感が少なくなる、自己有用感を得ることができるなど）が期待できる。

　さらに、世代間交流プログラムの今後の展開上の課題としては、以下のようなものが指摘されている。
①エイジングについての考え方を変えること
② care giver としての立場を認識すること
③ライフサイクルについての考え方を変えること
④子供時代は「学習」、中年時代は「仕事」、老人時代は「遊び」という従来の紋切り型の世代の捉え方を変更して、世代間の統合をはかること
⑤世代間交流プログラムの進展・一般化に誰がリーダーシップをとるべきか　組織化の必要とその主体はどこが担うか（国か、地方自治体か、民間団体か、社会福祉協議会か）
⑥若者へのボランティアへの動機づけの仕方の工夫をはかる
⑦老人ホームに、ボランティアとして行くことの意味を考えさせる
⑧若者が、ボランティアをすることの意義を捉え直すこと

⑨老人の側の子供世代に対してボランティアをすることの意義と動機づけを高めることが大切。従来、高齢者は自分の孫や子供としか交流をもたない風土があるので、その考え方を改めて家族以外の子供と接する考え方を広める必要がある
⑩世代間交流プログラムが、様々に個別にそれぞれの地域で行われているのが実状。相互の情報交換が大切：national data base の構築が大切

　以上の世代間交流を推進する上で検討しなければならない課題も多い。これらの諸課題を一つ一つ解決していくことが、高齢社会における世代間の相互の理解を深める上で重要となる。世代間交流プログラムの作成の条件として、Henkin（1998）[18] は、以下のような要件をあげている。
①まず、何のための世代間交流かの目的をはっきりさせること、たとえば高齢者の孤独を癒すため、子供の薬物中毒をなくするためなどの目的を明確化すること。
②お互いの世代がパートナーシップをもって話し合い、ともに納得のいくプログラムを持つこと。
③交流の成果としての相互性・互酬性があること。たとえば若者が老人を教えること、老人が若者を教えることのなかで、老若世代間が相互に満足のいくプログラムであること。
④世代間プログラムの実践のためには、継続的なトレーニングが重要である、たとえば、メンバーやスタッフのトレーニングも大切であること。
⑤世代間プログラムによって、対話がなされることが重要であり、交流をはかることによって何かが生み出されること、お互いの世代が心から楽しむということが大切であること。
⑥世代間交流プログラムに、継続性があることが必要であり、個別のプログラムも、一回だけの交流に終わらないこと。組織全体が、共働意識をもち、リーダー等、一部の者だけで主導しているプログラムにならないようにすること等を要件にあげている

以上、世代間交流のプログラムの構成要件について、草野ら、ヘンキンの考え方を紹介した。単に高齢者と若者を同じ場所に置いただけでは、有益な効果は得られない。交流の具体的な目的、そのための実施方法、実践の成果に関しての見通しについて、組織的で持続的なプランニングが不可欠ということである。

引用文献

1 ）総務省統計局「人口推計」平成 26 年 6 月 1 日現在（確定値）　2014 年
2 ）Butler,R.N. Ageism: Another form of biology.The Gerontologist,9.1969, pp.243-246
3 ）藤田綾子「尊厳維持」大内尉義・秋山弘子編「新老年学（第 3 版）」東京大学出版会、2010 年、1912-1916 頁
4 ）Osgood,C.E.,Suci,G.J.&Tannenbaum,P.H:The measurement of meaning.Uni.of Illinois Pres. 1957
5 ）佐藤泰道・長嶋紀一「老化イメージ(4)大学生による老人のイメージ」『浴風会調査研究紀要』60、1976 年、73-76 頁
6 ）保坂久美子・袖井孝子「大学生による老人イメージ－ SD 法による分析」『社会老年学』27、1987 年、22-33 頁
7 ）Hummert,M.L.,Garstka,T.A.,O'Brien,L.T.et al. :Using the implicit association test to measure age differences in implicit social cognitions. Psychology and Aging,17,2002, pp.482-495
8 ）Palmore,E.B:AGEISM:Negative and Positive.Springer Publishing Company.1990（パルモア：E.B.『エイジズム－優遇と偏見・差別』奥山正司・秋葉聡・片多順・松村直道（訳）法政大学出版局、1995 年）
9 ）藤田綾子『高齢者と適応』ナカニシヤ出版、2000 年
10）東海大学健康科学部国際交流プロジェクト（代表・谷口幸一）「大学生の親扶養意識と高齢社会に対する関心度に関する国際比較調査報告書」東海大学健康科学部、2013 年
11）保坂久美子・袖井孝子「大学生による老人イメージ― SD 法による分析」『社会老年学』27、1987 年、22-33 頁
12）谷口幸一・保坂久美子他（編）「地域社会における高齢者に関する福祉教育の現状に関する調査研究」報告書、国際長寿社会日本リーダーシップセンター、1995 年
13）内閣府「高齢社会対策に関する調査―平成 15 年度年齢・加齢に対する考え方に関する意識調査結果」2003 年
14）森岡清美・塩原勉・本間康平編『新社会学辞典』有斐閣、1993 年
15）前掲書 3 ）
16）Prochaska, J.O., DiClemente, C.C., and Vallerand, R.J.et al. In search of how people

change:applications to addictive behaviors. American Psychologist, 47, pp.1102-1114, 1992
17) Butler,R.N.& Lewis,M.I.. Aging & Mental Health-positive psychosocial and biomedical approaches .The C.V.Mosby Company.1982.
18) Henkin, N.：日米の世代間交流活動に関するセミナー、国際長寿センター（ILC － Japan）. 1998
19) Kaplan, M. Kusano, A, Tsuji, I. & Hisamichi, S: Intergenerational programs：support for children, youth, and elders in Japan. State University of New York Press, 1998

参考文献

谷口幸一　エイジング教育　東清和編『エイジングの心理学』早稲田大学出版部、1999 年、89-130 頁

谷口幸一・佐藤眞一編『エイジング心理学』北大路書房、2007 年

谷口幸一「老年学教育―初・中等教育における老年学教育」大内尉義・秋山弘子編『新老年学（第 3 版）』東京大学出版会、2010 年、1929-1933 頁

第9章　教員養成系大学における祖父母の語りにみる学生の学び
——雑誌『世代間交流—老いも若きも子供も—』からみえること

井上　恵子・草野　篤子

1．はじめに

　今日、第二次世界大戦の戦争体験を次世代に語り継ぐ場はどれほどあるのだろうか。若い世代にとって戦争は歴史教科書中の出来事となり、生きた命をとらえることが風化している。特定秘密保持法の成立や教育委員会制度の改変構想が打ち出される今日的状況は、戦前という時代を若者世代に伝え、今後の時代の構築や生き方を考える契機を必要としている。ここでは戦時を生きた祖父母と学生の孫が語りを仲立ちとした交流の中で、何を学び今後の人生に生かそうとするかの課題設定の基に、世代間交流の意義と可能性について探ることを目的とした。

　従来よりライフストーリー研究では個人（教師、看護師、日系人、障がい者）や少人数（開拓者等）を対象としたものが主流であり、教育学や社会学の分野では自伝的資料が傍証も含めて用いられたが、しだいに語りを媒介とした相互構築性が考慮されるようになっている。

　世代間交流学の分野でドイツのホロコーストに関する事例を分析した大迫俊夫は、インタージェネレーションプログラムの可能性について「躍動的でオープンな対話方法を使い、深いレベルの相互理解に基づいた歴史の学習経験を目的としており、世界の平和教育や紛争解決に関わる教育にあたり、絶大な可能性を秘めているといっても過言ではないだろう。」[1]と述べている。以上のような先行研究を踏まえ、日本における高齢者と教員を指向する青年の世代間交流の可能性を以下にさぐることとする。

2. 研究方法・調査内容と対象者

(1) 研究方法

　本章では戦争を体験した589人の語りの中から、主として長野に生きた祖父母や知人の語り（ナラティブ）を教員養成系大学の学生たちが聞き取り、文章化したもの（『世代間交流―老いも若きも子供も―』2000年1号～2007年7号）を対象として祖父母との交流効果を調べた。方法は質的研究法の中からライフヒストリー研究法を用い、解釈分析的な視座でまとめた。

(2) 対象者（祖父母）の特性（年代）と地域分布

　祖父母らの生誕年は徐々に昭和期へと推移しているものの、大正15（昭和元）年をまたいだ前後5年間に多くが集中している。不明（明記していない文）が153件あるが、記述内容からいずれもこの時期であり、その語りには戦時体験が多く綴られている。

　主な出生ないし生育地域は信越248人、関東83人、近畿81人が多く、そのうち長野県内は北信101人、中信63人、東信23人、南信45人である。

3. 記述内容の整理

(1) 庶民の生活実態と祖父母の語り

　戦時下を祖父母はどう生きたのか。尋常小学校卒業の多くの祖父たちは歩兵として大陸や太平洋諸島での戦争を生きぬいた。以下に代表的事例のいくつかを記しておきたい。尋常小学校を卒業した男子は満蒙開拓義勇軍（歩兵など）としてソ連・シベリアに抑留されて炭鉱や倉庫作業などを行い、戦後は農業あるいはその下請け、土木、木材作業に従事した者が多い。

　体験談では列を乱すと鞭たたき等、日常的に暴力が支配した軍隊や、ソ連侵攻での銃撃、爆破、略奪、虐殺や暴力、強奪を伴う奴隷的生活の様子が伝えら

れている。更に製糸工場に勤務し、家族が満州で戦死した悲しみを話す祖母もいれば、長野、富山、熱田空襲の様子や銃後を守った女性達の記憶も多く綴られた。

(2) 家庭生活と子ども

戦時下の食糧は配給、土地面積に応じて金属、野菜等の供出があった。藁草履、着物衣類、下駄等は点数制、食糧事情の悪さにはうさぎやヤギを飼うことで補い、草やわら、ふすま入りパンも食べたという。多くの子どもははだしや藁草履で過ごし、特別の時にのみ下駄をはいた。彼らは4時起きで家の炊事掃除、馬おい等を兄弟で分担、炭俵や幼子を背負い登校し、帰宅後も野良作業や家畜のえさやり、水のくみだめ、子守、お古のつぎはぎや、稲刈り、株抜き桑の葉つみ、縄ないの手伝い等をしたという。

子どもたちの楽しみは子ども会であった。行事は1月に金大黒を神社で売ったり、道祖神祭り（6年生の家でもち汁粉、みかん、羊羹等をいただく）等があり、7月には八坂、天神祭り、お盆、11月にはえびす講等の行事が繰り広げられた。しかし時代の進展とともに、竹やり、なぎなた、在郷軍人会の教練（竹振り回す）や自衛団の練習など町内会が主導した試みが多くなり、子どもや女性を総動員した戦時体制が強固にされていった。供出を断ると国賊呼ばわり、コンセントを取り付けると「電気泥棒」といわれ、進学すれば「貧乏人のくせに高等科へ行った」などと差別があおられ、秩序維持のためのいじめや見せしめの言動も集落内には多くあったと伝えられている。

(3) 女性たちの人生と地域での生活

細井和喜蔵『女工哀史』や丸岡秀子『日本農村婦人問題』が明らかにしたように、信州では特に女性たちの人生は辛いものであった。ある祖母は挺身隊（軍需工場）に入った後に女塾（家政）に通い、満州から東京（恩賜救世会）にて保健婦となるも郷里で災害に遭遇し、夫が出稼ぎをしても家のメンツが重んじられて働くこともできない等、戦争と「家」に翻弄された人生が語られている。

「祖母はそんな環境の中で、義母・義姉・妹からいじめられていたようで、とてもつらかったとその時のことを語っていた。生活費は義母がやりくりをしており、お金は全く持たせてもらえず、買い物にもいけないでずっと言われた通りの家事を行っているだけだった。別居しようと思いましたが、すぐにはできなかった。義兄夫婦が出て行ってから初めてお金を持たせてもらって買い物に行くことが許されるようになったそうである。」[2]との祖母の語りに学生である孫は「嫁」の家族内での低い地位を知る。

高等小学校卒業の祖母は「女を上の学校にやる必要とお金もない」といわれて兵舎掃除、糸つなぎをして生活した。10歳で母を亡くした高等女学校卒業の祖母も千曲川開墾、軍手つくりに従事し、間違えるとたたかれ、うっかりした事を言うと憲兵につれていかれた。さらに、家政女学校を卒業した祖母は「裁縫ができなければ学校は不要」といわれ、進学なら裁縫科との親の希望した進路へ進んだと語る。女性たちは裁縫や子どもを産み育てるために、家の存続のために牛馬のごとき労働力として必要とされたのである。

4．学校教育の実態と歴史的背景

ここで祖父母により語られた学校教育、すなわち（尋常、高等）小学校、国民学校、青年学校、軍関係学校、旧制中学、旧制大学、女学校、職業訓練校等、学校教育の実態と祖父母たちの人生行路について記しておく。

(1)（尋常、高等）小学校、国民学校での生活

四方拝、紀元節、天長節、明治節の行事はどの学校にもあり、教育勅語の徹底が図られた。音楽の音階は「ハニホヘト」が使用され、「らんらん落下傘」等の子ども向けの軍歌がうたわれ、習字は新聞紙を用い、体育では騎馬戦と藁人形相手になぎなた、銃剣術が行われた。

家族の労働力でもある子どもたちは尋常小学校4年生になると出征兵士宅への勤労奉仕（玉ねぎや桑の木の皮むき、兵隊の洋服の補正等）にも駆り出され、

出征兵士の見送りには軍歌を歌いのぼり旗をふり、小隊、中隊、大隊に分かれて行進したという。

学校や軍事工場、軍事教練の場で暴力は日常であり、子ども達はよく朝礼台に立たされた。頭蓋骨をもち人数を数える将校が配属された学校もあり、そこでは恐怖や暴力的雰囲気が支配した。子どもたちの遊びも「開戦ごっこ」「兵隊ごっこ」「戦艦ごっこ」等が盛んで、戦時体制が本格化すると軍歌が流れた学校も多い。「学校教育の原点は「ムチでたたく」だから行けば必ずたたかれた」[3]と語る祖父もいる。戦闘が激化すると校庭は芋畑、墓だらけとなり、終戦が近くなると学校は軍隊に占領され、ほかの学校を間借りしての授業が行われた。

さらに、満州国民学校では将兵が子どもたちを正座させて幼年学校や軍学校への志願を勧め、また、尋常小学校に併設された訓練所では箱爆弾を敵戦車の腹に投げ込む練習が行われ、国民学校の戦車攻撃の訓練では漁師の家に寝泊まりするなど、学校は地域の軍事拠点ともなり、青年団や軍楽隊は常に学校と関連した活動を行っていた。

(2) 青年学校

尋常小学校を卒業すると高等小学校とは別に成人（青年）学校に通う子ども達がいる。青年学校は小学校に併設され、卒業生の学習、訓練の場として本科3年＋研究科2年の課程があり、裁縫（女子）、農業が中心で学生は午前中は学校、午後は家の手伝いをし、冬に学校へ通った。教科は裁縫（女子）、料理（女子）、農業、算数、国語、甲（通年）乙（農閑期のみ）の2課程である。そして青年学校を経て軍隊に入ると善通寺訓練（失敗はビンタ、倒れるまで駆け足、棒げ銃を担ぐ）などの厳しい訓練体験をしたことが多くの祖父により語られている。

(3) 軍関連学校

陸軍士官学校に在学した祖父の16歳の日記に「士官から原子爆弾の威力と

第9章　教員養成系大学における祖父母の語りにみる学生の学び　105

使い方を教えられた。今日作った防空壕で原子爆弾に十分戦えると確信」と記されたのを見て[4]孫は驚く。また、旧制中学卒業後、海軍兵学校を経て分校、外地へ渡り戦後は県職員となった人や、工業高校を卒業し海軍施設から海兵隊幹部候補生となり、海軍施設部から運輸省建設部を経て戦後は建設省、国土交通省に勤務した祖父もいる。さらに専門学校卒業から軍関連団体を経て大学教員となり高専から商社に勤め、戦地に渡り抑留生活をしたのち帰還し、戦後は農業をしつつ教師の経歴をもつ祖父もいた。

　このように軍関係の学校を卒業した祖父達は尋常小学校卒業の同世代に比べて比較的社会の上層部に属して戦後を生き延びている。

(4) 旧制中学・旧制高等学校・旧制大学

　さらに旧制中学では三八式歩兵銃などを使っての戦闘訓練、教練をうけ第2海軍燃料省に徴用され、ドイツの潜水艦からの極秘情報（V2ロケット）に基づきその制作を担当した祖父もいる。また旧制中学を卒業して連隊に入り、戦地を移動して捕虜となり帰還。戦後は教師として勤めた祖父もいれば、大学医学部卒業者は軍医から戦後も医師となる等、戦前戦後を通じて高学歴者は軍関係者と同様に社会の上層部で推移している。

(5) 女学校と職業訓練校

　しかしながら女性たちの人生行路は男性とは全く異なっていた。大学看護婦養成所から病院勤務をしたのち結婚し、看護婦として再就職して満州（従軍看護婦）へ行くが戦後は主婦として過ごす。高女と栄養学校を卒業して代用教員となり、講習を受けて助訓導から訓導となり戦後は専業主婦、高女（洋裁専科）を卒業して徴用免除を受けて県庁勤務の後退職して主婦となる。高女を卒業の後小学助教として勤務し、戦後はベビーホームを開設し経営する。実科高女を卒業し満州での農業奉仕、戦後農家に嫁ぐが本家との間でいじめ体験ののち内職、まかない婦になる祖母もいる。高女を中退し技芸女学校裁縫専科をへて作法専科検定に合格し小学校付属裁縫学校教員となり、家事専科検定に合格し、

実践女学校に勤務するが開拓義勇軍の付添となり、戦後は専業主婦になった事例もある。このように女性達は戦時の職場での男性の欠員に伴い職を得るが、結婚や復員に伴い、家事専業主婦として家父長制家族制度の強固な家と地域に生き、わずかな例外を除いて自立の道は奪われたままであった。

5．祖父母の語りと学生の感想

　次に今回の記述分析の中で祖父母が何を語り、孫である学生がどう受け止めたかを以下にまとめておく。

（1）祖父母の戦時体験の語りから

　祖父母たちは「戦争は決してしてはいけない。しかし、戦争が始まったころ、ひとびとは、日本は勝つと信じ、戦争に反対する人はほとんどいなかった。ハワイ真珠湾攻撃をしたとき、よくやったと喜んだ人は多かった。みんな無知だった。このことを忘れてはいけない」[5]。また、「絶対戦争など、あんな悲惨なことはやるべきではないよ。戦争を知らない子どもたちにはあんなことは知ってほしくはないんだけれども、やっぱり戦争が起こらないように、戦争がどんなに悲惨であったかは語りついで行くべきだとおもうねえ。体験した人たちにはそれを伝える義務がある。平和で暮らしていられるけど、決してそうじゃないから」[6]と語る。

　こうした語りの中で、ある学生は「同じ人間が殺しあわなければならないことに、我々の祖父母の青春を台無しにし、灰色に塗りつぶしたのはいったい誰なのかと、腹の底からこみあげる怒りを静止しえなかった」[7]と記している。また「私は今回祖父の日記から未来への不安と、若者の変化について考えさせられた。戦争は今から60年前の出来事だが、戦後生まれた私たちにとって戦争とは未知の世界であり、今の、ものに満ち溢れた平和な日本の世の中からは想像もつかない時代だ。それとおなじように、今から60年先がとても恐ろしく思える。これからの60年、いったい日本がどこまで変化するのか、少しの

第9章　教員養成系大学における祖父母の語りにみる学生の学び　107

期待と大きな不安でいっぱいだ」[8]と自分たちの未来にひきつける。それは「(現代は) ものを大切にしなくなったり、相手のことを考えなくなっているように思われる。あまり苦労もしないから、ほんの些細なことも苦労なことと感じる、便利になったから少しでも思いどおりにならないと腹を立てる。祖母は『これではあんまりだ』と嘆く」[9]と現代のもつ危うさに気づくことにもなる。またある学生は「戦争の残酷さに打ち勝つために人と人が協力し合い、助け合って、強いきずなで結ばれ同じ生きるという信念を持って生きていたことを知る。生きることの大切さを心に刻みながら、平和をねがいつつ生きたい」[10]とも記している。このように彼らは祖父母の悲惨な体験から怒りや不安を感じ、今の時代を見つめて自分の立ち位置を確認し、今後の生き方を考えている。

(2) 教育と学びへの志向性

　また、学生達はこの試みの中で祖父母と自分を比較し、「教育の営み」に気づいていく。「今、目の前にいる祖父が16歳で、学校を中退して義勇軍にみずから志願し、厳しい訓練をし、自分たちの行っていることを疑ったりせずに一生懸命になり、お国のためだと命を惜しむことを恥だとする考えを持つほどに教育されていたことに初めて気が付きました。」とし、「戦争は大変だったね、などの言葉では簡単に片づけられないものだと感じました。また同時に、さらによく戦争について知る努力をしていかないと平和についての認識が薄くなってしまうと危機感を感じました」[11]と記している。

　さらに「今回のことで、本当は自分は何一つわかってはいなかったのではないかと思うようになった。いつどこで誰が何をしたか、何が起こったとか、そんなことをいくら完璧に覚えたところで、それだけでは戦争について学んだとはいえないということに気づいたのである。実際に戦争体験者に話を聞く。そしてその時代の人々の気持ちになって、問題意識をもって考える、ここまでやってこそ初めてそれらの意識が生きるのだと思った」[12]と学ぶことの意味と方法を述べる学生もいる。

　そして「戦争を体験した人とそうでない人では、靖国神社参拝の問題や有事

法制3法案などに対する見方が変わってくることを感じた。おなじ賛成あるいは反対という意見でも、そこにある思いはいろいろである。私は、このような違いを大切にすべきではないかと思う。いろいろな経験をもった人、持たない人がともに我々の未来を考えていくことで、過去について事実をそのまま受け止め、今後あるべき社会について現実を見つめながら考えていくことができるのではないだろうか」[13]と交流による共通理解が得られる社会の在り方を考えるようになる。

(3) 相互互恵性の発見

さらに語りや対話には当事者（祖父母と孫）の関係性が映し出される。「両親の死を話す時、祖父の目には涙が浮かんでいた。『昨日の夜も、母さんと父さんのことを考えてたんだけど―』と言って話し出してくれたことが、特に印象的だ。今から60年近く前のことでも、まだまだ戦争の悲しい思い出は消えないのだと思った。いままでずっと祖父と一緒にいたが、じっくり話を聞く機会は今回初めてだった。私にすごく優しくしてくれて、にこにこしている祖父がこんなに悲しい体験をしてきたのかと思うと、しかし元をたどればすごく辛くなった。また近くにいた祖母が、『戦争は罪だ。本当にもうやるもんじゃない』とつぶやいていた言葉が、私達がどんなに『戦争はダメだ。』『やってはいけない』といってもかなわないほどの説得力を持っていたと思う」[14]と三者の思いやりや配慮が流れる中での訓しと学びを描写する。

他方、祖父母に問い詰めた学生もいる。「これだけ戦争のことを辛かったと語るくらいだから、当然それをおこした天皇を恨んでいるだろうと、そう思っていた。しかし答えはあまりにも予測外なものだった。『天皇様を恨んでなんかいない』というのである。全く理解できなかった。自分たちの青春を壊した人間をなぜ恨まずにいられるのか。それも『様』をつけて平然と呼んでいる。たまらなくなって、理由を聞いてみた。答えは『そういう風に教えられたからだよ』というものであった。私は愕然とした。天皇は偉いという。その教育がこんなにも祖父母に根づいていたのだ。教育というものの素晴らしさとすさま

じさを同時にみせられたような、複雑な気分だった。『戦争は恨んでいるけど天皇は恨んでいない』。ばかげた話だとは思うが、祖父母にとっては、それが教育によって作られた当たり前の事実だった。しかし、正しいことだと教えられてきた戦争というものを恨むことができている。それが唯一の救いだと思った。」とし、「教育は我々にとってとても重要なことの一つである。しかし、同時にそれは凶悪な兵器にもなりうる。もしも戦争を正しいと教育し、日本は神などと教育する社会がもう一度できてしまったら、と考えると不安でたまらない。しかし元をたどれば、そういう発想をする人間を作るのも教育である。教育で戦争をやめることもできる。教育は兵器にもなるが、同時に平和への架け橋ともなりうる。だから我々は真剣に教育というものに取り組まなければならない。いい加減な気持ちで教育は行えない」[15]との結論を導く。彼らは祖父母との交流を通じて彼らを理解すると共に、社会構築の手段ともなる教育という装置に気づくのである。

　最後に真実の重みに触れた学生の考察を載せておきたい。「731部隊の祖父のことを知って思ったことは、日本人のしたことを日本人が隠してはいけないということである。もちろんあまりにすべてを赤裸々に話す必要はない。だが、こういうことをしていたということだけは伝えていかなくてはいけないと思う。日本は原爆を受け、そして戦争に負けた。確かに上の命令でやっていただけのことかもしれない。しかし、そんなことは相手には関係のないことである。いくら自分たちも傷をおったとしてもそのことによってでは犯した罪は消すことはできない。私たちは戦争を、自分に関係ない過去のこととしてではなく、こういうことがあったということをしっかりと理解していくべきである。何も知らないのではあまりにも無責任であると、そう思う」[16]と真実を知ることで「戦争責任」を引き受けること、そして今後の自分たちの世代の在り方を主張するのである。

6．まとめにかえて

　学生達の報告を分析した結果、祖父母と孫である学生達の交流は相互互恵性を媒介として、さらなる生き方や学びへの志向性を導いていた。またこの試みは新たな成果を生み出し、学際的でもあり平和学習ともなりうる効果が確認された。以下にそれを整理する。

　第1に祖父母の語りと孫との対話により、戦争の記憶が教科書にある歴史的事実を超えて伝わったことが挙げられる。それは祖父母との「命の連続性」と自己の「存在の事実」に気づくことでもある。学生たちは、祖父母の語りを聞き問いかけながら平和がいかに大切なものであるかを知り、自から教育を担うものとしての自覚と決意を表明する。そして、家族や地域を成り立たせてきた歴史への関心や学び、学習方法にも言及する。ここに祖父母という身近な血筋がとりもつ関係性の中での語りを通じた交流の意義を見出すことができる。

　第2に学生（青年期）と祖父母（高齢期）における発達資産の形成が指摘できる。青年期といういわば社会的モラトリアム期にある学生は親からの自立と社会の中でのアイデンティティの獲得が発達課題であり、そこには自己とそれを取り巻く関係性が影響する。人が他者とともにあること、親密な関係性を保ちつつ他者の思いを受け継ぐ作用は家族を媒介としてつながった祖父母と孫であるからより強固になる。そして青年は成人期へ、高齢者は高齢期から終末期へと安心して発達課題を超えていくことができる。

　第3に、このことにより家族や地域の在り方を考察し展望することができる。どのような地域や家族を作り、そのために今どのような支援が必要なのかをこれを契機に考えることは、単に情緒的なつながりや理念だけでなく実践を行う上での学びを促し、人間発達に即した地域の活性化にもつながる学際性の高い試みになる。

　今回の報告では祖父母との交流の中で、とりわけ教育が戦時体制を支えたことの過ちを教員養成系大学の学生たちが問いかけていた。既にそれから10年

余を経て従軍慰安婦や憲法改正問題にみられるように行方定まらぬ時代に入っている。戦後70年の節目を目前にこうした世代間交流の試みは新たな時代を切りひらき、平和な社会や歴史を構築するという極めて人間的であり、哲学的な試みにもなることを最後に再確認したい。

なお、本論考は「祖父母にみる戦時体験の語りと世代間交流─雑誌『世代間交流─老いも若きも子供も─』の記述内容を分析して」『日本世代間交流学会誌』Vol.3 No1 を今日的状況を加味して修正・加筆したものである。

引用文献
1) 大迫俊夫、カーシュ幹子「歴史の癒しのインタージェネレーションプログラム─ホロコーストに関するハンブルグ市（ドイツ共和国）の事例─」草野篤子・秋山博介（編）『現代のエスプリ』444号、2004年、130-137頁
2) 鈴木愛子「祖母のライフコース」『世代間交流─老いも若きも子供も─』第1号、2000年、215頁
3) 原千恵「西長野町から広がる地域の方のお話」『世代間交流─老いも若きも子供も─』第7号、2007年、173-175頁
4) 田中千賀「祖父のライフヒストリー」『世代間交流─老いも若きも子供も─』第6号、2006年、96頁
5) 水村朋希「幼い記憶をたどって」『世代間交流─老いも若きも子供も─』第7号、2007年、202頁
6) 伊藤玲「青春時代」『世代間交流─老いも若きも子供も─』、第2号、2001年、192頁
7) 三浦摩梨伊「祖父のライフヒストリー」『世代間交流─老いも若きも子供も─』第4号、2004年、159頁
8) 4に同じ。
9) 松崎摩梨子「人への思いやり」『世代間交流─老いも若きも子供も─』第2号、2001年、319頁
10) 徳武光枝「祖母のライフストーリー─難民となって─」『世代間交流─老いも若きも子供も─』第6号、2006年、274頁
11) 山田有里子「ライフヒストリー祖父の青春記」『世代間交流─老いも若きも子供も─』第3号、2003年、182頁
12) 福田将太「流れゆく水の素直さ眺めつつわが人生の後振り返る」『世代間交流─老いも若きも子供も─』第3号、2003年、91頁
13) 岡村真子「戦争がもたらした生活の変化─当時を生きた方の証言から─」『世代間交流─老いも若きも子供も─』第3号、2003年、260頁

14) 三津由季子「祖父が体験した「出会い」と「別れ」」『世代間交流―老いも若きも子供も―』第7号、2007年、158頁
15) 山田雄吉郎「祖父母の見た戦争」『世代間交流―老いも若きも子供も―』第7号、2007年、223頁
16) 竹上陽美「忘れてはならないこと―祖父の戦争体験より考える―」『世代間交流―老いも若きも子供も―』第2号、2001年、289頁

参考文献
中野卓『中野卓著作集生活史シリーズ』東信社、2003年
ローレンス - ジャコブソン　A.R.・カプラン M.S.「態度の変化を超えて：世代間プログラムにおけるエンパワーメント理論の応用性を評価して」草野篤子・内田勇人・溝邊和成・吉津晶子（編）『多様化社会をつむぐ世代間交流―次世代への『いのち』の連鎖をつなぐ―』三学出版、2012年
湯沢擁彦『昭和初期の家族問題』ミネルヴァ書房、2011年
山中恒『少国民戦争文化史』辺境社、2013年

第10章　世代間交流活動として取り入れた自然共有型ゲーム指導に見る学生の工夫

溝邊　和成

1．はじめに

　本章の内容は、吉津・溝邊・田爪（2012）の研究に続くもので、世代間交流活動として組まれた自然活動プログラムを指導する学生の学び（溝邊・吉津 2013）をベースにしている。すなわち幼・老統合施設（沖縄県）において、保育士希望学生がクロストレーニングの試みとして行ったネイチャーゲームの指導について詳述するものである。このような研究の背景には、保育士の専門性の構築（厚生労働省 2010）や保育士養成課程における実習の充実（保育士養成課程等検討会 2010）が叫ばれ、いわゆる幼児のみに特化したケアだけでなく、地域に開かれた福祉職としての能力も兼ね備えた保育士が要請されている点がある。また世代間交流活動を推進するトレーニング、すなわちクロストレーニングのプログラムが主張されている点も契機となっている（ROSEBROOOK & BRUNO 2005）。

2．ネイチャーゲーム

　ネイチャーゲームは、すでに1990年代から親子で楽しむことや、学校でもその活用が期待されていた（降旗 1992、1999、日本ネイチャーゲーム協会 1997）。最近でもその注目度は衰えず、大学テキストも含む関連書籍が出版されている（例えば、日本ネイチャーゲーム協会・体験型環境教育研究会 2007、矢野ほか 2011、日置ほか 2012）。また、日本ネイチャーゲーム協会HPに見られるように、ネイチャーゲームの普及活動の一環としてリーダー養成講座が開かれ、指導者育成にも力が注がれている。さらに介護福祉士や保育士の研修にもネイチャー

ゲームが取り入れられ、幅広い活用が見られる。

　ネイチャーゲームを取り入れた保育者養成教育に関しては、後藤（2004、2005、2006、2007）の一連の研究ならびに大橋・後藤・遠藤（2008）の報告がある。そこでは、体験プログラムとしての可能性を検討し、肯定的な評価が得られてきている。また、牧野（2003）は、教員養成系学部学生を対象にフィールドビンゴの作成事例の効果をとらえてきている。東條（2012）も教員養成課程の学生を対象として、ネイチャーゲームに対する意識調査を行い、その有効性を裏付けている。

　幼児や小学生を対象とした研究もなされてきている。藤田（2009）は、ネイチャーゲームを幼児期における環境教育とした扱いも可としている。小学校低学年児童に対するネイチャーゲームについて、野田・天羽（2006）は、フィールドビンゴを取り上げ、諸感覚の活用を検討している。そこでは、「初めは視覚に偏っていたが、徐々に諸感覚を使って自然と触れあい、季節を感じ、気付きを得ることができるようになった」と評価されている。

3．実習とネイチャーゲーム

(1) クロストレーニング実習

　K学園大学保育士養成課程4年次の女子学生8名が参加するクロストレーニング実習は、「子どもと高齢者への実感的理解を図るとともに子ども−高齢者とのかかわり方を学ぶこと」をねらいとし、事前、事後指導（大学内）と現地実習（2012年9月2日〜9月5日）からなっている。現地実習の実施場所は、沖縄県国頭村「楚洲あさひの丘」（僻地保育所・高齢者生活支援ハウス・デイケアサービスセンター）であった。

(2) ネイチャーゲームの選定

　幼児と高齢者が参加する場合においても、実施可能なネイチャーゲームは、数多いと考えられる。その中で、初秋の時期にふさわしいゲームであることや

幼児も高齢者も比較的取り組みやすく、体験を共有しやすいゲームであること、さまざまな感覚器官を活用できるゲームであることを選定条件とした。また、高齢者・幼児ともにゲームに長時間取り組むことは難しい点から、活動を一つだけ選択するようにした。なお加えて、後藤（2004、2007）、野田・天羽（2006）の先行研究の成果等を踏まえるとともに、同施設での職員の意見を参考にした結果、「フィールドビンゴ」を採択することになった。

(3) ゲーム指導の展開

本実習で「フィールドビンゴ」のゲーム指導を行うねらいは、「子どもと高齢者が交流しながら、さまざまな感覚器官を使って自然を楽しむことができるように支援を行う」ことである。そのねらいを達成させるために、ゲームで使用するカードの製作活動を取り入れた。その採用理由は、カード製作に指導者の意図が反映されやすいからである。また、幼児・高齢者への直接的な働きかけがしやすく、彼らに対する理解も図りやすいように、小グループ活動でのゲームとした。さらに、参加学生全員がゲームおよびゲーム指導未経験であることを踏まえ、表1に示す3つのステップを実施した。

4．記載項目と幼児・高齢者に関する記述

(1) 第1ステップ

第1ステップで学生が作成したカードの項目を感覚別に分類し、学生ごとに整理したのが表2である。表2が示すように、視覚に関するものが最も多く、平均すれば12.6個となり、全体の78.9％を占める。

ゲーム体験後に記された項目と幼児・高齢者に関する記述は、表3のようになった。「項目へのかかわり・気付き」には、A-2、B-1、D-1の記述に見られるように「身体部分と比べた表現」が工夫点として挙げられていた。また、A-1、F-1のように「易しい問題と難しい問題を組み合わせる」ことを考えていたり、高齢者の「車椅子利用への配慮」（G-1）を想定していたりした。この

表1　ゲーム指導の展開

第1ステップ：学生がネイチャーゲームについて学ぶ段階

　学生たちは、本実習第2日目の午前中に、ネイチャーゲームに関する講義とフィールドビンゴを実施することについて簡単な説明を受けた後、フィールドビンゴで使用するカードを各自で作成した。作成にあたっては、既成のカードを参考にせず、1枚のカードに4×4マスのマトリックスをつくり、施設の周りにある自然物を記入した。カード完成後、他の学生のカードを受け取り、実際のフィールド（同施設内）でゲームを体験した。体験後、ゲームの工夫について振り返った。

第2ステップ：幼児にゲーム指導を行う段階

　事前に学生間で話し合って自然物9点を選択し、1点ずつ文字と絵で表したA4用紙をゲーム用カードとした。それらをホワイトボードに貼り付け、全員が一つを見るように設定した（図a）。ゲームは、体育館で幼児と学生全員が集まって一斉に行う。その進行は、代表の学生が行うが、野外活動は、学生と幼児がペアとなって直接的かかわりができるようにした（図b）。

図a　作成カード　　　　図b　ゲーム指導

第3ステップ：幼児・高齢者にゲーム指導を行う段階

　本ステップで使用するフィールドビンゴのカードは、第2ステップで用いた幼児用カードと同様に3×3項目のマトリックスとし、実施日（第4日目）までに各自が準備した（図c）。
　ゲーム開始前に、幼児と高齢者を一同に介して、第1ステップで学生に講義した担当者がゲームの仕方を簡単に説明する。このゲームでは、幼児を対象に行ったゲームと同様に、小グループで活動することとし、高齢者1名と幼児1～2名のグループに対して学生を1名配置するようにした。全体説明を受けた後、各グループの担当学生が、再度ゲームを理解できるまで幼児と高齢者に説明を行った。各グループで未決定の項目を決めた後、準備していたカードを持って、施設付近のフィールドへ移動した。学生の指導のもと、グループごとにゲームを約20分間実施した（図d）。終了後、ゲーム指導について振り返った。

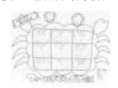 

図c　作成カード例　　　　図d　ゲーム場面

ほか、A-3、C-1、H-1の記述には、「様々な感覚を活用すること」に注目していたこともわかる。「幼児・高齢者へのかかわり・気付き」では、表3のA-4、

第10章 世代間交流活動として取り入れた自然共有型ゲーム指導に見る学生の工夫　117

表2　カードに記された項目（第1ステップ）

学生	感覚：項目
A	**視覚**：ちいさい虫、飛んでいる鳥、風に揺れている草、きれいな花、木陰、赤い葉っぱ、ふわふわした雲、ピカピカの太陽、青い空、飛行機雲、**聴覚**：鳥の鳴き声、笑い声、工事の音、**触覚**：ちくちくした草、ごつごつした石、気持ちのいい風
B	**視覚**：かくかくした石、水、鳥、もくもくした雲、影、茶色い葉っぱ、青い空、赤い土、サンサン太陽、緑の葉っぱ、木の枝、小さい虫、大きな木、ピンクの花、**聴覚**：鳥の鳴き声、**触覚**：気持ちのいい風
C	**視覚**：ぬけがら、クモの巣、昆虫、毛虫、鳥の巣、小さな花、小さい木、きのこ、ニコニコ太陽、大きい雲、まるい石、かくかくした石、水、**聴覚**：鳥の鳴き声、**触覚**：ちくちくするもの、**臭覚**：いい匂い
D	**視覚**：アリの集まり、ハエ、きれいな芝生、電柱、緑の葉っぱ、木の枝、ピンク色のお花、わたがしみたいなもくもく雲、まーるい石、きれいな太陽、ひろーい海、みんなの笑顔、**聴覚**：鳥の鳴き声、カラスの鳴き声、お話をしている声、草を刈ってる音
E	**視覚**：整備された花壇、さらさらの砂、元気に育つ木、中くらいの虫、腕の長さほどの枝、元気に飛ぶ鳥、飛行機雲、誰かの笑顔、まっさおな空、緑色の葉っぱ、ピンクの花、生い茂った山、まんまるの石、ピカピカの太陽、**触覚**：涼しい風、**味覚**：美味しい野菜
F	**視覚**：木の枝、夜に光るライト、ハイビスカス、お水、海、ふわふわの雲、茶色い土、小さな虫、飛行機雲、きれいなお花、石ころ、こいみどりの葉っぱ、ベンチ、影、レンガ、**聴覚**：鳥の鳴き声
G	**視覚**：あり、木の実、青い空、赤い葉っぱ、キノコ、ピンク色の花、モコモコしている雲、トンボ、クモの巣、ヤンバルクイナ、**聴覚**：カラスの鳴き声、鳥の鳴き声、**触覚**：トゲトゲしている草、ふわふわしているもの、気持ちのよい風、暑い太陽
H	**視覚**：ピンクのお花、ヘビ、大きな木、青い生き物、おばあちゃん、砂、石、きらきら、まるいもの、ヤンバルクイナ、緑色、黒い虫、ウミウシ、**聴覚**：鳥の声、**触覚**：冷たい、やわらかい

E-1のようにゲームに参加する「対象の理解」と、ゲームのフィールドとなる「環境把握の重要性」を認識している。さらに、ルール（A-5）、安全性（E-2）、健康面（A-6）に触れた記述も見られる。

(2) 第2ステップ

第2ステップで使用した幼児用カード（表4）では、3つの感覚（視覚、聴覚、触角）が採用され、視覚が7個で全体の77.8％を占め、第1ステップで作成されたカードでの割合とあまり差が見られなかった。

表3　第1ステップの記述

項目へのかかわり・気付き

A-1：簡単な問題と難しい問題を上手に組み合わせ、子どもと高齢者がじっくりと楽しく自然とふれあうことができるよう工夫することが求められると思います。

A-2：一つは、「手のひらと同じくらいの大きさの葉っぱ」というように身体の一部を問題に取り入れることです。お互いにての大きさの違いを感じたり、子どもに高齢者の分の葉っぱを探してもらうことで、子どもと高齢者のふれあいにつながるといいなと思います。

A-3：見た目や感触など様々な感覚器官を使って自然を感じることができるよう9つの問題のバランスにも気をつけたいです。

B-1：私は「腕と同じぐらいの枝」など、体と自然のものを比べるようなお題を書いていなかったので、世代間交流でのフィールドビンゴでは、体の一部と比べられるようなお題を書きたいです。また、同じお題でも表現を変えて見付けるのが楽しくなるようにしたいです。

C-1：お題は目に見えるものだけではなく、感覚的なものも入れることで気持ちを共有できるようにすることが大切だと思いました。

D-1：フィールドビンゴをする中で具体的に「腕の長さと同じぐらいの枝」など、書いていくと、見つけやすいし、人それぞれの感じ方の違いもないので、自分がフィールドビンゴをつくっていくときに参考にしたいと思いました。

F-1：ビンゴのお題を考える際には、自然に出てすぐにでも見つけられそうな簡単なものと少し探さないと見つからないものを混ぜるようにしたいです。また、友だちが書いていたものでも、子どもと高齢者が話をしながら探せるようにつくることができればと思います。

G-1：世代間交流でフィールドビンゴをするとなると足が不自由な方は車いすに乗って参加をすることになります。その際あまりにも低い場所にある物を見たり、触ったりすることは難しくなります。そのときはどのようなビンゴの内容にするかなど考える必要がある。

H-1：実際にフィールドビンゴをしてみると、ただ物を探すだけじゃなくて、五感を全て使いながら探せるものを組み込むことでより楽しめるし、聴覚、触覚を刺激することにつながるということが分かりました。

幼児・高齢者へのかかわり・気付き

A-4：実際にフィールドビンゴを作成し、やってみて、子どもと高齢者の方両方が楽しむことができるように、十分に相手とフィールドを知っておくことが大切だと思いました。

A-5：ゲームを始める前にしっかりと約束事を伝え、どこまで行ってよいのか範囲を明確にしておくことがとても重要だと思います。（略）言葉掛けを工夫して安全に楽しくゲームをすることができるよう気をつけたいと思います。

A-6：長い時間、外で話をする場合は、必ず日陰で行うように注意したいと思います。常に子どもと高齢者の目線で、安全を第一に考えて行動していくことが大切だと思いました。

E-1：ネイチャーゲームとはただ自然とふれあうために行うものではないと感じました。対象者の年齢や気候・特性など、多くの情報が必要です。その上でゲームの成り立ちやみんなで楽しむことができるのだと思いました。

E-2：ゲームに夢中になってケガをしてしまわないように、探し出してもらいたい自然の宝物の位置をしっかり把握することが必要だと感じました。

表4　幼児用カードに記された項目

感覚：項目
視覚：元気な木、きれいなお花、緑の葉っぱ、ぴかぴか太陽、もくもく雲、小さい石、お友だちの笑顔
聴覚：鳥の鳴き声
触覚：気持ちのいい風

第10章　世代間交流活動として取り入れた自然共有型ゲーム指導に見る学生の工夫　119

表5　第2ステップの記述

幼児・高齢者へのかかわり・気付き

B-2：H君とWちゃんと手をつなぎ、お題のものを探していると「お花あったよ」とWちゃんが言いました。3人で花のある方へ行き、私は「本当だね、どんなお花かな」と尋ねると、Wちゃんは「かわいいお花」と言いました。H君も「かわいいお花」と言うと「あっちにも花、あった」と言ったので、一緒に探しに行きました。

B-3：実際にフィールドビンゴの運営を行ってみて、子どもたちと自然のものを探すときには「どんな雲だったかな」や「どんなにおいがした」など言葉掛けをし、子どもたちの感じたことや表現を引き出すことが大切だと思いました。そして、その中で子どもたちが感じたことを受け止めることも大切だと思いました。子どもたちと探すときに「木に元気かって聞いてみようか」などと言葉掛けをし、子どもたちと「元気ですか」と言うと『はい』って聞こえた」という子がいました。子どもたちと自然のものに話しかけ、元気なのかなどを確認することも必要だと思いました。

C-2：ネイチャーゲームは、外で行うため、時々影に入るなど、子どもと高齢者の安全に配慮しなければならないと思いました。

D-2：保育園の子どもたちとのネイチャーゲームでは、子どもたちの先の行動を考えながら説明を行っていき、注意点を伝えていくことが改めて大事だということに気付くことができました。

D-3：また、フィールドビンゴをしている最中には、出ているお題に対して、自分の納得するまで探し、いくつも拾っている姿を見て、子どもは自然に触れることが大好きで、たくさんのものに触って感じて、学んでいくのだということが分かりました。

D-4：また子どもたちとビンゴをしていく中で、私たち自身も、「こんな色の土があるんだ」、「こんな形の石もあるんだ」と発見することもあったので、子どもたちだけではなく、大人も楽しめる活動ができたと思います。

E-3：「気持ちのいい風」という問題では、暑い昼間ですから、難しかったのですが、車の影に入り、かがみ、気持ちのいい風を感じることができました。子どもたちの多くの発想を学ぶことが出来た上に、自然の宝物を発見できてよかったです。

F-2：花や石を見つける時には1つだけではなく、「もっときれいな花」「もっと小さい石」をとどんどん探していき、とても楽しんでいってくれているように感じました。

F-3：1つ1つの題材を見ること自体は楽しめていたようなので良かったですが、ルールの理解度にも年齢によって差が出るので説明の方法なども難しいだろうなと感じました。それでも全体で活動する前に今回のように子どもたちだけを集めて練習することでルールもある程度理解できるから良いことだなと思いました。

G-2：個々で、私が違う声掛け「どうして、この木は元気だと思うの？」などと聞いてみると、子どもは考え、私が思ったこととは違った答えが聞けたかもしれません。

G-3：自然を通して子どもたちの感性も育てていくことができると思いました。

H-2：Hちゃん、Kちゃんなどは、「言われたものを見つける」ことが楽しそうだったので、見つけたものを一つずつ進行役の実習生に見せに行くよう促してみました。個人で対応を変える大切さが分かりました。

H-3：午前中の子どもたちだけのフィールドビンゴでは、子どもたちは単に外に出ること、外で、花、石などに触れること自体が楽しそうな様子でした。

H-4：「小さい石」を探している際に、一人の子が「みつけたー」と言って石を見せると、他の子が「○○の方が小さいよ」と言ってきたりして、周りの子と関わり合う中で成長していることが分かりました。

幼児へのゲーム指導後の記録（表5）では、B-2、B-3、G-2の記述に見られるように、「対象物をどのようにとらえるか」に関する幼児への「細かな言葉がけの必要性」に気付いていることが理解できる。また、「個別への対応の大切さ」（H-2）や「安全面」への配慮（C-2、D-2）に関する気付きも受け取れる。

D-3、F-2、H-3の記述で、幼児の「自然への好意的なかかわり」が示されていたり、「感性が磨かれたりする」としている（G-3）。E-3の「気持ちいい風」に対して車の影に入るといった幼児の「豊かな発想」に感動したことを告げ、ゲームのよさを説明している。さらにここでの活動には、「協同的な学び」（H-4）や「大人も楽しめる要素」があるととらえている（D-4）。F-3では、第2ステップの活動の意義付けを「ゲームのルール理解」からとらえていることがわかった。

（3）第3ステップ

第3ステップで各自が用意したカード（表6）には、視覚を使う項目が71.0％（6.38個）と第1ステップと比べ、その割合は減少していた。その一方で聴覚、触覚、臭覚を使う項目の割合が増加していることがわかった。また、第1ステップから第3ステップで感覚数が増加した学生は8名中3名、第3ステップで感覚数が3以上の学生は6名を数える。さらに表6では、第1ステップのカードの項目と第3ステップのカードの項目を比較して、同一と変更、新規を区別している。学生Aは、同一3、変更3、新規3となっている。同様に学生B、学生Cの項目は、同一1、変更4、新規4、同一1、変更3、新規5であった。学生E（同一3、変更3、新規3）、学生F（同一2、変更2、新規5）、学生G（同一3、変更4、新規2）も同じく、7名の学生は、同一の項目とともに項目自体を修正、あるいは新規に取り入れていることがわかった。学生Hは、同一の項目はなく、変更2、新規7となっていた。学生Dは、第3ステップのゲーム前では、同一3、変更5、新規1としていたが、ゲーム中に話し合って決めていた同一の項目「鳥の鳴き声」を新規の項目「気持ちのいい風」に変更し、最終的には同一2、変更5、新規2となった。学生Gも「鳥

第10章　世代間交流活動として取り入れた自然共有型ゲーム指導に見る学生の工夫　121

表6　カードに記された項目（第3ステップ）

学生	感覚：項目
A	視覚：○小鳥★、ふわふわした雲、カタツムリ☆、手のひらと同じ大きさの葉っぱ★、ピカピカの太陽、聴覚：友だちの笑い声★、触覚：ちくちくした草、ぷにぷにした土☆、臭覚：花のいい匂い☆
B	視覚：手と同じぐらいの葉っぱ★、もくもくの雲、小さい枝★、ピカピカの太陽★、かわいいお花、聴覚：○鳥の鳴き声、友だちの笑い声☆、触覚：ちくちくした草☆、臭覚：草の匂い☆
C	視覚：大きな葉っぱ☆、腕の長さぐらいの枝☆、かわいいお花★、元気な太陽★、長い草☆、みんなの笑顔☆、ふわふわな雲☆、聴覚：鳥の鳴き声、臭覚：○牧場の匂い☆
D	視覚：真っ白い雲★、腕の長さの枝☆、赤色の葉っぱ★、人の影☆、たくさんのアリ、ピンク色のお花、四角い石★、にこにこ笑顔★、聴覚：○鳥の鳴き声（活動中に削除）、触覚：○気持ちいい風（「鳥の鳴き声」の代替）☆
E	視覚：ギラギラの太陽★、まんまるの石、緑色の葉っぱ、青い空、トンボ☆、かわいいお花★、聴覚：鳥の鳴き声☆、触覚：涼しい木陰★、○気持ちいい風★
F	視覚：人の影、ふわふわの雲、ちょうちょ☆、きれいなお花、爪と同じ大きさの石★、手のひらと同じ大きさの葉っぱ★、髪の毛が揺れる風☆、○あり☆、聴覚：友だちの笑い声☆
G	視覚：赤い色の葉っぱ、もくもくした雲★、○太陽★、黄色い花★、飛んでいる虫☆、みんなの笑顔☆、トンボ（「鳥の鳴き声」の代替）☆、聴覚：鳥の鳴き声（活動中に削除）、触覚：ちくちくした草、ふわふわした草★
H	視覚：きれいなお花★、ちょうちょ☆、○草☆、まぁるい石★、雲☆、笑顔☆、聴覚：友だちの声☆、触覚：ちくちくした草、臭覚：いい匂い☆

注）○：三者（学生、幼児、高齢者）で決定した項目、★：一部変更項目、☆：新規項目、
　　下線：第1ステップに同一項目有を表す

の鳴き声」（同一項目）を削除し、「トンボ」（新規）を代替の項目としていた。

「項目」に関する表7-1では、積極的参加を促すため、高齢者と幼児に対して項目を一緒に考えさせること（B-4）や幼児に意思決定させる場面（E-4）があった。しかし、D-5のように出題することの難しさを語った文面も見られた。A-7では、容易な出題であったため、活動する時間が余ったことがわかる。それで「オタマジャクシ」を提案することで「高齢者の知識や経験」を呼び起こすことにつながっていたことが読み取れる。E-5では、高齢者と幼児がお互いに尊敬し合い、高め合っていくようにしなくてはならないという「互恵性」を主張する。その例として、方言を書き入れることによって理解できない幼児が

表7-1　第3ステップ：項目へのかかわり・気付き

A-7：問題が少し簡単だったのか、他のグループよりも早く終わってしまいました。そこで、オタマジャクシを探しに行こうと提案しました。Tさんにおたまじゃくしがいる場所を尋ねると、ご存知だったのでTさんに案内していただくように促しました。おたまじゃくしを見つけたYちゃんは大喜びで、その姿を見たTさんもとても嬉しそうでした。
B-4：午後の世代間交流では、お題を一つ一緒に考えました。自分で考えると見つけるのが楽しくなるのではないかと感じました。
D-5：お年寄りや子どもたちが私たちの出したお題をなかなか見付けることができなかったので、具体的に考えていくことは難しいなと感じました。
D-6：フィールドビンゴでは、お年寄りの方でも楽しめるよう、肌で感じるものなど、取り入れて行くことが大切だとわかりました。
E-4：ビンゴの真ん中の部分は、なかなか決まらなかったので、例を何個かあげ、Wちゃんに選んでもらいました。
E-5：高齢者と子どものコミュニケーションをよりとるにはお互いが「○○は、こういうのなんだよ。」といったものの高め合っていけるようにすることが必要だと考えます。例えば、方言を使った問題をいくつか作っておき、読解出来ず、高齢者の方に尋ね、子どもたちは"おじいちゃん、スゴいな"という感情につながります。また、子どもにしか見つけにくいような小さな虫を出題し、いろんな発見へとつないでいけると感じました。

　高齢者にアドバイスをもらうことや、小さな虫を発見する課題で、幼児が高齢者に教えるといったアイデアを提示している。

　「幼児・高齢者」（表7-2）については、3人で探すことができるように、あるいは、幼児、高齢者ともに「活動の共有」が可能になる工夫をしていた記述が見られる。「見つけたら、幼児に○を付けさせる」（A-8）、「両者に○を付けてもらう」（E-6）、「両者に見つけた物を確認してもらう」（G-4）、「高齢者が見つけた物を幼児が持つ」（B-5)、「高齢者の意見を取り入れる」（B-5, E-7）、「高齢者に幼児が見つけてきた物を選んでもらう」（F-4）などがその例にあてはまる。しかし、その一方で、C-3、C-4、D-7、G-5、G-6の記述が示すように、幼児と高齢者の取り組みの調整を課題と感じていたこともわかる。

　A-9、G-7の表現から、自然の物が媒介して高齢者が生き生きと参加していた「活動の効果」が受け取れる。また、A-10、B-6、B-7、D-8は、高齢者と幼児との「コミュニケーション」の深まりや「共感」、「認め合う」喜びを成果として報告している。さらに「3世代交流を実感」（H-5）する記述も見られた。

表7-2　第3ステップ：幼児・高齢者へのかかわり・気付き

A-8：また3人で見つけたことを確認するとYちゃんに丸をつけてもらうようにしました。そうすることで、Yちゃんが一人で先に行ってしまうということなく、3人で探すという形が続けられ、見つけた喜びを共有することができました。
A-9：本当に元気いっぱいな姿も見ることができ、自然という解放された空間の中で子どもと一緒に活動することの素晴らしさを強く感じました。
A-10：自然を通して同じ気持ちになったり、同じ感動を味わったりすることができて本当によかったと思います。
B-5：外に出ると、Yさんは、2本の杖を使い、どんどん進んで行きます。皆は施設の前に出て行きましたが、Yさんは施設の建物の横に行きました。Yさんは、「あっちには、全然ないから。私はこっちにあるのを知ってる」と言い、お題にある草や葉、枝をすぐに見つけていました。そしてそれをRちゃんに持ってもらいました。
B-6：一人一人感じ方が違いますが、子どもと高齢者の方が見つけたものを比べることで、他人の感性に気づき、互いの感性を認めることが出来るのだと感じました。
B-7：高齢者の方がとった葉や草を子どもに渡している場面もあり、自然のものを集めてプレゼントすることで、思いやりの心も育むことが出来ると感じました。自然の中で世代間交流をすると室内では見られなかった会話やプレゼントをするなど、様々なコミュニケーションが出来ると学びました。
C-3：T君は活発で、すぐに探し物を見つけることができていました。しかし、それ故に一人で探しに行ってしまうことが多く、車いすを押している私にとっては一緒に行動することは少し難しかったです。
C-4：今回は、高齢者と子どもをつなぐ支援が中心ということで、それは頭にありましたが、実際は個人への声かけの方が多かったように思います。「SさんとT君は笑顔かな？」と聞いたり、「Sさんに見せてごらん」と声かけをすることで、気持ちを共有できるようにすることが、両者をつなぐためには大事だと思いました。
D-7：子どもを引きつけるような声かけを行っていき、子どもたちが見付けたものに対して、お年寄りが共感できるようにしていく必要があるなと感じました。
D-8：お年寄りの方は、子どもたちが探している姿を見てとても笑顔になっており、ゲームを行っていくことをすすめていきたいなと思いました。
E-6：見つかると、Nさん、Wちゃんにペンを渡し、丸を付けてもらうことで喜びが共有できるようにと試みました。
E-7：「鳥の鳴き声」は難しくあきらめかけていましたが、Nさんがあの辺はどうだろうと私たちを案内してくれました。(略)、小さくスズメの鳴き声がしたのです。その瞬間、3人は、ハイタッチをし、最後の○は、Nさんにつけてもらいました。
F-4：車いすなので、自分の手で何かを拾うという行動はできませんでしたが、子どもが探したものを一緒に触ったり、石や葉っぱなどは、いくつか拾った中から高齢者の方に一つ選んでもらったりと探し物を共有できるようかかわりました。
G-4：ゲームを始めるとKoくんが「次はこれ」と見つけるものを決めて進めていきました。見つけてくれたものを私がKさんとKoくんに確かめて二人の意見が一緒だと見つかったことにしました。
G-5：ただKo君は一人で探しにいったりすることがあり、二人のスピードを合わせるのがうまくできませんでした。
G-6：また子どもは元気に自由に動き回れますが、高齢者は早く、動くことができないので、子どもへの声かけをどうするかなども考えなければなりませんでした。
G-7：するとKさんが自分の杖で草むらや木の葉のところをガサガサと音を立てて虫を無理矢理飛ばそうとされている様子に思わず私たちは笑ってしまいました。Kさんもゲームを楽しんでくれているようでした。
H-5：高齢者が子どもに話しかけたり、3世代で遊んでいる実感ができてよかったと思います。

5．項目選択の際の工夫点

上述の結果より、幼児・高齢者の世代間交流活動としてのフィールドビンゴの項目選択の工夫は、次のようにとらえられる。

第1点目は、身体の一部の名称を使って表すことである。表3に示す学生Aのアイデア（A-2）や学生Eの「腕の長さほどの枝」（表2）に刺激された学生B、Dの考え（表3：B-1、D-1）をもとに表れた項目が、第3ステップ（表6）に見られる学生A、B、Fの「葉っぱ」であり、学生C、Dの「枝」、学生Fの「石」である。これらの項目に表れた特徴は、対象物に対して、腕や手、爪など身体の一部の名称を使って形容することで、高齢者、幼児双方にとって具体的でわかりやすい項目になっている点である。ゲームで取り上げられる項目の多くは、視覚に訴える物であるが、それらを単に見つけたとせずに、他の物との比較において、その特徴をより明確にし、理解を図る意図が含まれている。その比較対象を人の身体に求めた工夫といえる。道具を持たずにいつでも、どこでも取り組むことができる利便性がそこにある。また、高齢者、幼児の身体を比較することを通して、相互理解を深めることも期待できよう。

第2点目は、多様な感覚を用いる工夫がなされていた点である。項目として用いた感覚の数は、参加学生8名中、3名が第1ステップよりも第3ステップの方が多くなり、6名のカードに3つ以上の感覚が設定されていた。学生Aの「様々な感覚器官を使って自然を感じることができるよう」な工夫（表3：A-3）、学生Hの「ただ物を探すだけじゃなくて、五感をすべて使いながら探せるものを組み込むことでより楽しめるし、聴覚、触覚を刺激することにつながる」（表3：H-1）という理解が、それぞれの学生の中に成立していたといえる。ネイチャーゲームの「様々な感覚を用いて自然理解を図る」というねらいを正確に受け止めた工夫といえる。

第3点目として、自分自身の直接体験に基づく項目を用意していたところである。その事例の第一には、第1ステップにおいて、他の学生のカードで体験

したことが第3ステップの自分自身のカードに反映されていたことがあてはまる。学生Aが学生Cの作成したカードを体験し、そこに記された「いい匂い」を第3ステップのカード項目として取り上げていた（表6）のが、その具体例である。同様に、学生Dが学生Bのカードを体験し、そのカードに見られる「人の影」「ピンクの花」を自分自身のカードに採用していたことや（表6）、学生Eが学生Gのカードを体験し、それにあった「トンボ」を使用していたこともあてはまる（表6）。

事例の第二として、第2ステップで採用され、幼児とともに体験した項目が挙げられる。表2に見られる学生Aの「ピカピカの太陽」や学生Bの「もくもくした雲」「鳥の鳴き声」、学生Cの「鳥の鳴き声」がそうである。学生Fの「きれいなお花」（表2）も該当する。これらは、第1ステップで発想したことに加えて、幼児との体験が裏打ちされ、活用するに至った項目といえる。さらに学生H「きれいなお花」（表2）のように第1ステップでは直接表れていなかったが、第2ステップの体験から、また第2ステップの体験が他の要素に加わって採用された表6の「葉っぱ」（学生C）、「笑顔」（学生G）、「雲」（学生H）もあてはまる。

こうした学生の自ら体験したことや幼児と行った体験は、ゲームづくりの項目選択に大きく関わるととらえられる。

第4点目に互恵性を意識していることが挙げられる。

表7-1に見られる「問題が少し簡単だったのか、他のグループよりも早く終わってしまいました。」（A-7）や「お年寄りや子どもたちが私たちの出したお題をなかなか見付けることができなかったので、……。」（D-5）の経験とともに、幼児と高齢者がじっくりと楽しく自然とふれあうために、「簡単な問題と難しい問題を上手に組み合わせる」という学生Aの主張（表3：A-1）や、「自然に出てすぐにでも見つけられそうな簡単なものと少し探さないと見つからないものを混ぜるようにしたい」と語る学生Fの考え（表3：F-1）などから、扱いやすい項目とそうでない項目を用意することで高齢者と幼児の双方に得るものがある「互恵性」を保障しようとしている。その具体例として学生F

の項目選択に見られる。「きれいなお花」や「ふわふわした雲」、「人の影」を探しやすい項目とし、「爪と同じ大きさの石」「手のひらと同じ大きさの葉っぱ」などを探すのにやや難しい項目を用意する工夫である。あるいは、「幼児にはわかりづらい方言を導入し、高齢者には見つけにくい小さな虫を取り上げる」工夫がある（表7-1：E-5）。どちらか一方が得手になるこうした工夫も難易度を加味することによる「互恵性」を意識した配慮といえる。

　第5点目に高齢者・幼児の知識・経験を活用することが浮かぶ。第3ステップのゲームで得られたエピソードとして、学生Bは、高齢者が「あっちには、全然ないから。私はこっちにあるのを知ってる。」と言い、カードにある草や葉、枝をすぐに見つけていく様子を語っている（表7-2：B-5）。また学生Aは、「Tさんにオタマジャクシがいる場所を尋ねると、ご存知だったのでTさんに案内していただく」働きかけをし、その活動の成功を述べている（表7-1：A-7）。学生Eも「鳥の鳴き声」について、高齢者の「あの辺はどうだろうと私たちを案内してくれました。」から、鳥の鳴き声をとらえることに成功し、3人でハイタッチをするに至ったことを書き綴っている（表7-2：E-7）。

　このような活動中のエピソードは、高齢者の知識や経験を生かした工夫の表れといえる。

　また、項目選択に高齢者や幼児が参加することによる配慮がある（表7-1：B-4、E-5）。項目選択の際に、ゲームに参加する幼児と高齢者のアイデアを加えることによって、例えば、表6に示す「牧場の匂い」（学生C）や「あり」（学生F）、「草」（学生H）といった新規の項目や「気持ちいい風」（学生E）などの一部変更した項目が成立していた。今回では、9項目中1項目のみを三者（幼児・高齢者・学生）共同で考えたゲームであったが、項目数の増減によって、難易度の調整が図れるとともに、共同に考えると見つけるのが楽しくなる効果（表7-1：B-4）や感動の共有（表7-2：A-10）も期待できると考える。

　第6点目は、他学生の知を活用することである。項目選択の際、個別でアイデアを練るばかりではなく、学生同士が情報交流をすることによって、決定に至ったケースがここにあてはまる。表6の学生A、B、Fが採用に至った「友

だちの笑い声」や、学生Fと学生Hのみが採用した「ちょうちょ」がある。あるいは、第1ステップで表記し、第3ステップでもそのまま採用した学生Aの「ちくちくした草」（表2、表6）が、学生B、G、Hに波及し、一部変更または新規採用の項目としている点もこの例といえる。また学生Gが新規採用した「飛んでいる虫」（表6）の「虫」は、学生G以外の学生全員が表記していたことを受けていた点も他者の意見を採用した例としてとらえられる。

6．ゲーム実施上の留意点

学生の実践記録の記述から、ゲーム実施上の留意点には、次の5点が挙げられる。

第1点目は、どのステップにおいても健康面の配慮が求められることである。第2点目は、安全の確保である。前者においては、A-6（表3）が述べるように長時間の野外活動では、高齢者に十分な配慮が必要である。後者においても表3のA-5、E-1が指摘するように、高齢者に対する安全面とともに、特に幼児に対しては、安全確保のために、対象物の把握やルール確認は抜けてはならない。

第3点目は、作業スピードへの対応等の個別のかかわりである。表7-2のC-3、G-5、G-6の記述に見られるように、取り組む速度が異なるため、ゲームの進行が難しくなる。それに対して、例えば、表7-2に示されたC-4、A-8、E-7、F-4のように○付けや対象物を一緒に選んだり、確認し合ったり、触ったりすることで、高齢者と幼児との接点を多く用意することが要点となる。

第4点目は、コミュニケーションの媒体としての立場を意識することである。表7-2のC-4、F-4の取り組みやD-7の感想がこの点を支持するように、幼児と高齢者が共感できる言葉がけやきっかけづくりが大切である。

第5点目は、実施当日の天候である。A-7（表3）からも推察できるように、晴雨によって配慮も異なる。特に、フィールドビンゴのような野外活動が中心となる世代間交流活動である場合、1点目の参加者の健康面、安全面と併せて、

十分に留意する必要がある。

7．ステップの効果

　3ステップの展開は、有効であったと考えられる。例えば、カードの項目に表れた「腕」や「手のひら」など身体の一部の名称を取り入れた表現や「ちょうちょ」「ちくちくした草」の扱いが象徴するように、ステップごとに学生同士の情報交換がなされ、項目の削除や新規採用が行われていたからである。

　個々に見れば、第1ステップは、ゲーム未体験の学生にとって必須であり、その重要性については、学生自身がゲームを実体験したからこそ得られる記述（例えば、表3のH-1、A-5、A-6）が証左となる。第2ステップの幼児へのゲーム指導体験は、F-3（表5）のように、幼児にとってルールを理解する有意義な活動であるとともに、指導者側の幼児理解・言葉掛け等において不可欠であったといえる（表5：B-3、D-3）。この点から見れば、幼児のみに限らず、高齢者のゲーム理解や高齢者理解のために高齢者用の第2ステップも必要であったと考えられる。その理由として、表3に示すA-4、E-1の記述、あるいはD-6（表7-1）にも見られるように、対象となるフィールドおよび相手（高齢者、幼児）の特徴を把握することが必要ととらえているからである。また、高齢者の知識を有効に活用する点からも、高齢者向けゲーム体験指導の設定が必要であるかもしれない。

　メインとなる第3ステップでは、表7-2に見る「高齢者が生き生きしている」様子（A-9）や幼児・高齢者の「コミュニケーション」（B-7）とともに「3世代交流」（H-5）を実感している点、確かな効果といえよう。

8．まとめ

　本研究では、幼・老統合施設におけるクロストレーニング実習のネイチャーゲーム：フィールドビンゴの活動で、保育士養成課程の女子学生8名が学び得

たものとして、カードに記す項目の選択基準に関する工夫が6点とゲーム実施上の留意点が5点見出された。前者のアイデアとして、身体の一部の名称を取り入れる、感覚を多様に取り入れる、直接体験に裏付ける、互恵性を意識する、高齢者・幼児の知識・経験を活用する、他学生の知を活用するであった。後者では、健康、安全、作業速度、天候を配慮し、媒介役に徹することであった。また、ゲーム指導の3ステップの意義と修正点もとらえることができた。しかし、それらは、本研究においてのみ得られた成果であり、今後も十分な研究成果を待たなくてはならない。

引用・参考文献

藤田庄治「幼児期における環境教育の実践と考察：環境教育プログラム／ネイチャーゲームの可能性」、大学紀要40、常葉学年短期大学、2009年、273-293頁

後藤範子「保育者養成におけるネイチャーゲームの可能性について」研究紀要25、国際学院埼玉短期大学、2004年、13-21頁

後藤範子「保育者養成におけるネイチャーゲームの可能性について（2）：サウンドマップに見られる自然に対する感性と保育方法への応用」、研究紀要26、国際学院埼玉短期大学、2005年、27-35頁

後藤範子「保育者養成におけるネイチャーゲームの可能性について（3）：第4段階「感動をわかちあう」活動に関する考察」、研究紀要27、国際学院埼玉短期大学、2006年、21-26頁

後藤範子「保育者養成におけるネイチャーゲームの可能性について（4）」研究紀要28、国際学院埼玉短期大学、2007年、33-38頁

日置光久・村山哲哉・神長美津子・津金美智子編著『子どもと自然とネイチャーゲーム』日本ネイチャーゲーム協会、2012年

保育士養成課程等検討会「保育士養成課程等の改正について（中間まとめ）」2010年
http://www.mhlw.go.jp/shingi/2010/03/dl/s0324- 6 a.pdf, 2012.9 アクセス

降旗信一『親子で楽しむネイチャーゲーム』善文社、1992年

降旗信一『校内でできるネイチャーゲーム』ポプラ社、1999年

厚生労働省『保育所保育指針解説書』、2010年
http://www.mhlw.go.jp/bunya/kodomo/hoiku04/pdf/hoiku04b.pdf, 2012.9 アクセス

牧野治敏「教員用政経学部学生への自然認識の指導法に関する研究 ―フィールドビンゴの作成を通して―」『大分大学教育福祉科学部研究紀要』第25巻第2号、2003年、297-304頁

溝邊和成・吉津晶子「保育士養成課程学生の世代間交流実習における自然観察指導に関する学び ネイチャーゲーム：フィールドビンゴの項目及び実習記録の分析をもとに」『日本世代間交流学会誌』Vol.3 No.1, 2013年、77-86頁

文部科学省「新たな未来を築くための大学教育の質的転換に向けて：生涯学び続け、主体的に考える力を育成する大学」、2012 年　http://www.mext.go.jp/b_menu/shingi/chukyo/chukyo 0/toushin/1325047.htmpp,21-26, 2012.9 アクセス

日本ネイチャーゲーム協会『学校で役立つネイチャーゲーム 20 選』明治図書、1997 年

日本ネイチャーゲーム協会・体験型環境教育研究会『小学校の授業に生きるネイチャーゲーム　スタート編』（株）シナノ、2007 年

野田敦敬・天羽武「低学年児童の諸感覚の活用能力の育成についての調査研究—四季を通したネイチャーゲーム「フィールドビンゴ」の活用から」『愛知教育大学教育実践総合センター紀要』、2006 年、83-90 頁

大橋伸次・後藤範子・遠藤弘子（2008）「保育者養成教育における感性と自然体験」研究紀要 29、国際学院埼玉短期大学、2008 年、17-20 頁

ROSEBOOK V. & BRUNO K., Staff Development, Training and Retention, Under One Roof: *A Guide to Strengthening Intergenerational Shared Site Programs*, Generations United, 2005, pp.47-56

東條文治「教員養成課程の大学生を対象としたネイチャーゲームへの予察的意識調査」『名古屋芸術大学研究紀要』第 33 巻、2012 年、197-204 頁

矢野正・小川圭子編『保育と環境』嵯峨野書院、2011 年

吉津晶子・溝邊和成・田爪宏二「保育者養成課程におけるクロス・トレーニングの試み—幼老統合施設における実習と参加学生の意識調査—」『日本世代間交流学会誌』Vol.2. No.1、2012 年、69-78 頁

第 11 章　高等学校家庭科における世代間交流
　　　——生涯を見通して生活をつくる力を育成する試みから

角間　陽子・中野　悦子

1．学習指導要領にみる高等学校家庭科の学習内容

　高等学校の家庭科は、すべての生徒が共通に学習する必履修教科・科目と、将来のスペシャリストとして必要な専門性を重視した科目が置かれている。本項では、前者に焦点を絞って高等学校家庭科における異世代との学習、特に高齢者との交流に関する学習内容について確認しておきたい。

　日本の学校教育において高等学校の家庭科をすべての生徒が学ぶようになったのは1989（平成元）年3月告示の学習指導要領[1]からである。これには1979（昭和54）年の女性差別撤廃条約に批准するために国内の環境を整えるという背景があった。とはいえ当時の普通教育に関する教科「家庭」3科目（「家庭一般」「生活技術」「生活一般」）のうち1科目4単位の男女必修が実現したことは、家庭科にとって画期的な段階を迎えた（表1）。ところが次の改訂となった1999（平成11）年版の学習指導要領[2]では2単位科目として「家庭基礎」が置かれ、高等学校家庭科で4単位をすべての生徒が必履修するという制度は早くも崩れた。そして最新の改訂である2009（平成21）年版の学習指導要領[3]では、これまでの「普通教育に関する教科」が「各学科に共通する教科」となり、「家庭基礎」（2単位）は共通教科「家庭」3科目の1科目として残された。この改訂は2008（平成20）年の中央教育審議会答申に基づくものであり、小学校・中学校・高等学校家庭科の改善の基本方針のひとつに社会の変化への対応を挙げ、「高齢者との交流を重視する」ことを明記している。さらに高等学校家庭科における改善の具体的事項には「高齢者の肯定的な理解や支援する行動力の育成」「生涯を見通す視点を明確にする」といった文言が認められる。そこで今回の教科目標では、従前は「健康な」と表記されていた「発達」が「生

涯にわたる」と変更された。この背景には「人間が生まれてから死ぬまでの間、身体的、精神的に変化し続け、各ライフステージの課題を達成しつつ発達するという生涯発達の考え方を重視すること」がある。また、8項目にわたる内容の改善点のひとつに「高齢化の進展に対応して、高齢期を人の一生を見直す中でとらえ、高齢者の自立生活を支えるために個人や家族、社会が果たす役割や、高齢者と積極的にかかわり肯定的に理解することなどに関する内容の充実が図られた」ということにも着目すべきであろう。

表1　高等学校家庭科の変遷

1989年版	1999年版	2009年版
普通教科「家庭」	普通教科「家庭」	共通教科「家庭」
家庭一般（4単位） 生活技術（4単位） 生活一般（4単位）	家庭基礎（2単位） 家庭総合（4単位） 生活技術（4単位）	家庭基礎（2単位） 家庭総合（4単位） 生活デザイン（4単位）
家庭生活の各分野に関する基礎的・基本的な知識と技術を習得させ、家庭生活の意義を理解させるとともに、家庭生活及び関連する職業に必要な能力と主体的、実践的な態度を育てる。	人間の健全な発達と生活の営みを総合的にとらえ、家族・家庭の意義、家族・家庭と社会とのかかわりについて理解させるとともに、生活に必要な知識と技術を習得させ、男女が協力して家庭や地域の生活を創造する能力と実践的な態度を育てる。	人間の生涯にわたる発達と生活の営みを総合的にとらえ、家族・家庭の意義、家族・家庭と社会とのかかわりについて理解させるとともに、生活に必要な知識と技術を習得させ、男女が協力して主体的に家庭や地域の生活を創造する能力と実践的な態度を育てる。
【家庭一般】 (1) 家族と家庭生活 (2) 家庭経済と消費 (3) 衣生活の設計と被服製作 (4) 食生活の設計と調理 (5) 住生活の設計と住居の管理 (6) 乳幼児の保育と親の役割 (7) ホームプロジェクトの実践と学校家庭クラブ活動	【家庭総合】 (1) 人の一生と家族・家庭 (2) 子どもの発達と保育・福祉 (3) 高齢者の生活と福祉 (4) 生活の科学と文化 (5) 消費生活と資源・環境 (6) ホームプロジェクトと学校家庭クラブ活動	【家庭総合】 (1) 人の一生と家族・家庭 (2) 子どもや高齢者とのかかわりと福祉 (3) 生活における経済の計画と消費 (4) 生活の科学と環境 (5) 生涯の生活設計 (6) ホームプロジェクトと学校家庭クラブ活動

　高齢者との交流に関する学習内容は「（2）子どもや高齢者とのかかわりと福祉」の「イ　高齢者の生活と福祉」（他に「ア　子どもの発達と保育・福祉」、「ウ　共生社会における家庭や地域」がある）に明記されており、指導に当たって

は「地域の実態に応じて、実際に地域の高齢者を訪問したり、学校に招いたり、福祉施設等を訪問したりするなどして、高齢者との触れ合いや交流などの実践的・体験的な学習活動を取り入れるようにする」ことが示されている（表2）。

表2　高齢者との交流に関する学習内容

イ　高齢者の生活と福祉
　高齢者の心身の特徴や高齢社会の現状及び福祉などについて理解させ、高齢者の生活の課題や家族、地域及び社会の果たす役割について認識させるとともに、高齢者の自立生活を支えるための支援の方法や高齢者とかかわることの重要性について考えさせる。
　　（ア）高齢者とかかわる　　（イ）高齢者の生活と課題
　　（ウ）人間の尊厳とケア　　（エ）高齢社会の現状と社会福祉

　1989（平成元）年版学習指導要領で「（1）家族と家庭生活」の学習項目4つのなかに「エ　高齢者の生活と福祉」が新設されたこともあるが、家庭科ではこれまでも実験・実習、調査や観察といった実践的・体験的な活動による学習が重視されてきたことから、高齢者との交流が生徒にどのような影響を及ぼすかといった研究[注1]並びに直接的なかかわりや間接的な体験を取り入れた授業[注2]が工夫されてきた。しかし、その実態や成果は広範かつ十分に認知されていない。次節では生涯を見通して生活をつくる力の育成と地域社会の再構築につながる実践から、高等学校家庭科における世代間交流の可能性をみていくこととする。

2．世代間交流からはじまる家庭科授業実践

（1）課題学習設定の理由と指導内容

　東日本大震災と原発事故は、便利で安全と思われていた人間の暮らしを一瞬にして奪い、多くの人々を不安や悲しみや困難に満ちた生活の中に追い込んだ。こうしたなかで、私たちは以前にも増して男女が協力して家庭生活を営むことや、省エネルギーと環境に配慮した生活、無駄のない経済的な生活の実践を強く認識させられた。特に、効率的な家事能力、経済的な生活方法、緊急時対策などの生活技術を身に付けることが必須であり、状況に応じてより良い生活をつくる力を育成するために、家庭科の授業の中で、多くの方々の体験から学ぶ

課題学習を計画した。

この課題学習では特に、浪江町からの避難住民（仮設住宅住民）との交流によって生まれる生徒の内面的な変容に期待した。世代間交流を実りあるものにするためには、共通のテーマ設定が不可欠であるとの認識から、課題学習のテーマを「生活の知恵と伝統の食文化」とした。このテーマを話題の中心に置くことで、会話の広がりと深まりが期待できるだけでなく、仮設住宅住民にとっては、自らのあらゆる体験が高校生の潜在能力を引き出すために求められ活かされることが確認でき、積極的に参加していただけるであろうと期待した。

三年生39名のクラスで、4週間にわたって①〜④を実施した。

① 仮設住宅住民との交流会、浪江郷土料理講習会、創作料理試食会
② 味噌製造・酒造工場の見学、考案した料理パンフレット配布
③ 男女共生センターとの連携、講演会、ポスター展示とパンフレット配布
④ 研究発表（世代間交流での学びを生かした研究活動の発表）

研究発表のまとめ（班ごと）からの抜粋は表3のとおりである。

表3　研究発表のまとめ（抜粋）

1班	「生きる術が大事」という言葉が印象的だった。若いときに苦労して「生きる術」を身につけ、それが今の生活の基盤になっていると聞いた。生活の知恵や家事の技術だけでなく、それらをうまく使い「生きる術」を身に付けなければならないと知った。家事手伝いを嫌がっていたが、「生きる術」を身につける機会なので積極的にやることにした。仮設住宅の皆さんの毎朝みそ汁を飲む習慣に合わせて、簡単にみそ汁が作れる味噌玉を工夫した。具は小さく切った凍み豆腐や麸など身近な食材を使った。好みの具の取り合わせをあらかじめ聞けば良かったと反省した。持ち帰り用も準備して喜んでもらえた。
2班	浪江の海の幸は豊富で、特産品を活かして生活してきたことを懐かしんでいた。作られる野菜の中には、二本松では売られていない野菜があることが分かった。故郷から離れると郷土食が懐かしいだろうし、故郷の味で慰められると思い、浪江の食材（しらす）と青菜を使ったふりかけを作った。「美味しいから作り方教えて」と皆さんに聞かれた。班員みんなで材料と作り方の説明カードを準備したり、説明のし方を練習したりして本当に良かった。
3班	仮設住宅生活の苦労を知って、できるだけ役に立ちたいという気持ちが強くなって、美味しくて身体に良い物を作って喜んでもらいたいと思った。原発事故のために転校してきたF君が、福島のイカ人参は最高だからきっと喜んでもらえると言ったので、イカ人参ふりかけ作りに一生懸命取り組んだ。イカと人参のみじん切りに苦労したが、「美味しい！」と言って喜んでもらえた時、すごく嬉しくて涙が出た。仮設住宅の皆さんと心がつながったように感じた。（イカ人参：郷土料理、細く切ったするめいかと人参を醤油漬けにしたもの）

表3 研究発表のまとめ(抜粋)

4 班	「毎日生き抜くための生活がある。」という言葉が心に残った。震災と原発事故で非常事態になったけれど、生きるための食事・睡眠などの生理的欲求だけでなく、心を満たす活動も私たち人間には必要だと強く感じた。心身の健康の第一は、おいしい食事をみんなで楽しむことから始まると意見が一致して、浪江の特産物(鮭)と青菜で彩りの良いふりかけを作ることにした。出来上がりは青菜が黒ずんでしまったが、味は良かった。試食会で、加熱時間が長くなるとほうれん草は黒く色が変わるけれど、大根の葉や小松菜は色が変わりにくいことを教えてもらった。
5 班	「保証金などいらないから元の生活に戻してほしい」という言葉が辛い。漁業や農業ができなくなってお金を稼ぐことができなくなったことは、経済的な自活の道が閉ざされるだけでなく、将来への希望も失うことだと知った。将来への見通しや希望が持てなければ真っ暗闇のようで本当に辛いと思った。どんな時でも皆さんの健康が第一だから、毎朝みそ汁を飲んで元気になって欲しいと思った。味噌の効能について学んだので、それを皆さんに知らせ、狭い調理台でも簡単に作れる味噌玉を作って配ることにした。
6 班	仮設住宅は壁が薄く断熱材が入っていないので、夏は暑く冬は寒いと聞き、これから寒さに向かうので、身体が温まる飲み物を作ることにした。高齢の方が多いので、消化が良く栄養満点な飲み物で、身体も心も温かくなって欲しいと思った。豆乳とチョコレートを使ってやさしい味になるように工夫した「すごく美味しい!」「レシピ教えて!」と言っていただいて本当に嬉しかった。「孫に作ってあげたい!」という言葉は、同居できない孫への愛情を感じて、涙がでてきた。私も、会津に居る祖母に会いたくなった。
7 班	仮設住宅の皆さんがお互いに協力し合って生活していることに驚いた。初対面の人とあまりうまく話せない私たちは、自分達が作った飲み物を勧めるためにカードを作り、勧め方の練習もしたので、試食会では積極的に取り組めた。牛乳と蜂蜜、それにエゴマなど郷土の食材を使い、高齢者の方に喜んでもらえる「心も体もぽかぽか栄養満点ドリンク」を作った。皆さんからエゴマが沈まないように片栗粉で濃度をつければ、冷めにくくなると教えていただいた。
8 班	母親に頼った生活をしている私たちの班では、調理技術が未熟でうまくできるか心配だった。でも、仮設住宅の皆さんが「無理だと思うことでも、心を一つにして、各自ができることを一生懸命やればなんとかなるものだ。」と言っていたのを思い出して、役割分担を決めて取り組んだ。孫の話をする人もいたので、子どもからお年寄りまで喜んでもらえるように、自分達も好きな肉や卵が入ったふりかけを作った。焦げそうになってあわてたけれど、「美味しい!」と評判が良かったのでうれしかった。

(2) 学習記録からみえる生徒の気づき

　仮設住宅住民との交流によって生徒は、心の痛みを知ると同時に前向きな姿勢に敬意を持った。また困難を克服するためには、個人が持っている生きる意欲や生活の知恵、コミュニケーション能力などとともに、集団としての協力体制などが不可欠であることに気づき、仮設住宅住民のためにできることはないかと考えるようになった。それは、「かけがえのない自他」というものを認識し、

直面する課題解決に主体的に取り組むことへとつながった。また、味噌工場の見学では、味噌を始めとする発酵食品を試食して味わい、生活の知恵によって広がる食品の可能性に気づく体験をした。生徒は、見学すべての過程で五感を研ぎ澄ませて全身で捉えるという体験を持ったことで、伝統の食文化を受け入れ、いかに活用するかなどについて考えることができた。さらに、今まで知らなかった地域社会の人々の働きを目の当たりにして、「生活の知恵・伝統の食文化」が私たちの生活を支えており、将来的にも健康的で豊かな生活を送るうえで極めて重要なものであることを再認識することができた。特に仮設住宅での試食会では、考案した料理を住民の方々に味わっていただき、感想や改善点をお聞きし、美味しいと誉めていただいたことで、生徒は、喜び、励まされ、自信が持てるようになった。これら一連の学びによって、生徒はそれぞれ、視野を広げ、主体的に考え、工夫し、挑戦する態度が育ってきている。

(3) 世代間交流の成果

この課題学習の実践中に作り上げられた人と人とのつながりを忘れてはならない。生徒が接した中・高年世代から教えていただく一方であるかのように認識されるかもしれない。しかし、仮設住宅住民は、高校生にメッセージを発信する機会を持つことで、自分たちの体験が無駄ではなく貴重なものであり、それを活かそうとしている高校生に伝えなければという熱い想いを持つと同時に、その想いが高校生の心に響いたということを実感できたと思われる。また、浪江の食文化を伝える調理実習においては、故郷の食文化を再確認し、自分たちが持っている生活の知恵が役に立つという事実によって、故郷とその文化に、ひいては自身に対して誇りを持つことができたのである。これらのことは、故郷から離れ悲しく苦しい生活を余儀なくされている仮設住宅住民の心を慰め、生き甲斐にもなり得たと思われる。一方味噌・酒醸造工場では、高校生の若い感覚からの素直な反応やアイディアを活かそうと好意的に捉えていた。

家庭科の大きな役割は、生徒が直面する生活課題に主体的に向き合うことで自らの心を動かし、課題解決の道筋を発見し、試行錯誤する場を設定すること

にある。この課題学習で生徒は、仮設住宅住民の話に耳を傾け、その体験から各自の生活課題を見出し、身につけるべき生活の知恵や伝統の食文化に気づくことができた。また、世代間交流によって多くの考え方や生き方に触れ、かけがえのない自他と現実世界とのかかわりに気づき、自身の生活を創る意欲を持つことができた。このように、家庭科という教科のなかで、状況に応じてより良い生活をつくる能力、すなわち生涯を見通して生活をつくる能力を育成することができるのである。この能力は、経済協力開発機構（OECD）が学力の国際基準として提示した「コンピテンシーの概念」と重なると確信している。

3. 世代間交流における本実践の意義

　中野は、世代間交流を高校生にとっても仮設住宅住民にとっても意味あるものにすることを基盤として本題材を構想している。学校教育で世代間交流が行われる場合、生徒への効果が第一義として期待されることはいうまでもない。Henkin[4]は世代間交流プログラムの本質的要素として「若者と高齢者の間に相互関係が成り立っていること」を挙げている。結果として交流した高齢者にも効果があったというのではなく、可能な限り互恵的な相互作用が働くように交流内容や方法を計画していく必要がある。本実践では「生活の知恵と伝統の食文化」をテーマとしたことで、活動における生徒と仮設住宅住民との明確な役割分担がなされている。さらにそれぞれが一方的にサービスを受けるだけでなく、提供する側になったり交換し合ったりするなど、題材計画のなかで様々な立ち位置や関係性が組み込まれている。そのため参加者同士のつながりを深化させ、お互いに認め合うという要素も満たしていた。さらに本実践には、仮設住宅住民やコミュニティの極めて切実なニーズが反映されている。同時にこれからの地域や社会をつくっていく当事者である高校生にとっても、具体的にどうしたら良いのか、自分たちに何ができるのかというニーズに応える課題設定であった。「今日の生活経営には私的個別的生活のみならず地域も含めた生活をより良い方向へ変革していく組織運営能力が必要とされる」という大竹[5]

の指摘からも、世代間交流から生活課題を見出し、地域の企業や行政機関との連携をも組み込みながら生活課題を解決するとともに、学習の成果を発信するという本実践は、学校における世代間交流の発展的可能性を示唆している。

4．DeSeCoのキー・コンピテンシーと世代間交流

Friedman[6]は単に世代間活動を組み合わせただけでは世代間交流プログラムとはいえず、世代間交流プログラムを通して体験や交流が各人の生活に関連のあるものとして意味づけられると指摘している。また、世代間交流による体験を意義あるものとするためには、エイジングを学び、交流相手を理解することが重要であり、生徒が自分自身のエイジングに向き合うためにも有効であるとも述べている。高等学校家庭科では実際に触れ合うことで高齢者についての理解を深めるとともに、高齢者の心身の特徴や生活の課題、高齢社会の現状や社会福祉について学び、人の一生を見通して高齢期について考え、生涯を通じて共に支え合って生きる重要性を認識させることから、前述の指摘に対応するものであるといえよう。また、日本の学校教育の方向性には世界レベルでの学力論が影響を及ぼしている。それはOECDによるPISAの上位概念であるDeSeCoのキー・コンピテンシー[7]であり、個人や社会にとって価値ある結果をもたらし、いろいろな状況の重要な課題への適応を助け、すべての個人にとって重要な知識や技能以上のものとされ、以下の枠組みが整理されている（表4）。

表4　キー・コンピテンシー

カテゴリー1 ：相互作用的に道具を用いる	カテゴリー2 ：異質な集団で交流する	カテゴリー3 ：自律的に活動する
A　言語、シンボル、テクストを相互作用的に用いる B　知識や情報を相互作用的に用いる C　技術を相互作用的に用いる	A　他人といい関係をつくる B　協力する。チームで働く C　争いを処理し、解決する	A　大きな展望のなかで活動する B　人生計画や個人的プロジェクトを設計し実行する C　自らの権利、利害、限界やニーズを表明する

特にカテゴリー2は世代間交流との関連が深い。異質な集団とは必ずしも異世代を意味するものではないが、日本の学校教育は出生コーホートによる集団が単位となっていることから、「異質」といっても「意見や考え方が異なる同年齢」が中心となる。しかし、高等学校家庭科では「異なる世代」や「異なる生活価値やライフスタイル」「社会のなかで共に生きる異なる人や組織」といった様々な「異質」に向き合うことができる。

学校における世代間交流は多くが「総合的な学習の時間」や課外活動でおこなわれている。しかし最新の学習指導要領では「総合的な学習の時間」が削減され、課外活動では単発の交流となりやすい。学校外でおこなわれる世代間交流もあるが、参加する生徒は限られてしまう。高校生は小学生・中学生に比して地域活動への参加経験や異世代との接触が少なく、高齢者にややネガティブなイメージをもつ傾向があるとのデータ[注3]もある。若年世代の生活の大半を占めているのは学校であることからも、世代間交流と教科の学習を結びつけていくことが有効であろう。異なる世代の学習および交流が重視されている高等学校家庭科は、すべての生徒に世代間交流の理論と実践を提供することができる教科といえるのである。

DeSeCoのキー・コンピテンシーはこれからを生きるすべての人に必要とされる資質をまとめたものであり、だからこそ次世代を育成する場としての学校の教育課程の枠組みとしての学習指導要領の改善指針とされているのである。このキー・コンピテンシーに「異質な集団とかかわる力」が明記されているということは、世代間交流が日本の学校教育において須要な活動であり、ますます取り組まれるべきであることを示している。したがって、その役割を直接的に担い、実質的に機能する教科学習としての家庭科の重要性を、世代間交流の立場からも主張していく必要がある。

注

注1：荒井紀子・神川康子・渡辺彩子による「児童・生徒の福祉観・高齢者観とその背景要因（第1報）―生活活動の実態と高齢者観との関連―」、同じく「（第2報）―生活活動

の実態と学習意欲との関連─」『日本家庭科教育学会誌』39巻1号、1996年、1-7頁、9-14頁や日本家庭科教育学会関東地区会「高齢社会と家庭科」研究会による「家庭科における高齢者関連学習の授業提案（1）（2）─異世代間の加齢に対する意識の相違─」『家庭科教育』75巻7号、24-30頁、同75巻8号、21-24頁、いずれも2001年など。

注2：権田浩子「「生きる力」を育てる授業実践(4)─家族と家庭・高齢者問題─」『家庭科教育』75巻8号、2001年、永井敏美「高校生の他世代交流体験の成果と課題─地域に根ざした体験学習をより効果的におこなうために─」『家庭科教育』76巻9号、2002年、44-49頁、立山ちづ子「高等学校における「高齢者福祉学習」から「ともに生きる関係づくり」に進む授業」大学家庭科教育研究会編『子どもが変わる／地域が変わる／学校が変わる　市民が育つ家庭科』ドメス出版、2004年、174-186頁、小川裕子・久保田詔子・矢代哲子「交流活動を取り入れた題材「高齢者の生活と福祉」の学習に関する実践的研究」『静岡大学教育学部研究報告．教科教育学篇』38、2007年、143-153頁などがある。

注3：高校生の地域活動への参加経験や異世代との接触については内閣府「第5回情報化社会と青少年に関する意識調査報告書」（平成19年3月）、高校生の高齢者イメージについては山川恵美・倉盛三知代「高等学校家庭科における福祉・高齢者学習についての一考察─高校生の高齢者観との関わりから─」『和歌山大学教育学部紀要．教育科学』53、2003年、137-150頁などによる。

引用・参考文献

1）文部科学省『高等学校学習指導要領』1989（平成元）年告示
2）文部科学省『高等学校学習指導要領』1999（平成11）年告示
3）文部科学省『高等学校学習指導要領』2009（平成21）年告示
4）ナンシー・ヘンケン＆ジャネット・ブレスラー、池田祥子訳「"世代間交流の促進"成功の秘訣」(財) 全日本社会教育連合会『社会教育』61巻3号、2006年、20-21頁
5）大竹美登利「持続的で改善チャンネルのある生活における生活経営力」(社) 日本家政学会生活経営学部会編『暮らしをつくりかえる生活経営力』朝倉書店、2010年、154-162頁
6）Barbara Friedman, The Integration of Pro-Active Aging Education into Existing Educational Curricula, Intergenerational Approaches in Aging, 1997, pp.103-110
7）ドミニク・S・ライチェン＆ローラ・H・サルガニク編著、立田慶裕監訳『キー・コンピテンシー──国際標準の学力をめざして』明石書店、2006年

第12章　英国における世代間交流の実践
―― ロンドン、マンチェスターを中心に

伊藤　わらび・草野　篤子

1．はじめに

　英国で2011年に発行され、ミリオンセラーに近づいている「GANGSTA GRANNY」の中で著者のディビット　ウィリアムズ氏　は家族からかえりみられない孤独な老人たちに若い人々が心にかけてあげるようにと女王の言葉を介して訴えている。この児童書を通して英国における高齢者の今日おかれた状況の一端を知る思いがする。

　このような社会的背景の中でここ十数年、英国における世代間交流実践は目覚しい発展をとげている。その背景にBETH JOHNON FOUNDATION（以下BJF）の取り組みがあるといえる。「人々が上手に年をとることができる社会を作り上げる」ことを目的として活動しているBJFは、地方自治体、政府部局、コミュニティ・グループなど様々な組織と協働して活動を進めている。そして2001年にBJFの指導の下にThe Centre for Intergenerational Practices（CIP）を設立し、英国中の世代間交流の実践の発展を支援している。このような背景をもつ英国内の世代間交流の実践について、2012年3月19日～26日の間ロンドンとマンチェスターの世代間交流団体や行政を中心に訪問し、担当者に取材をすると共に実際の活動に参加することができた。

2．ロンドンにおける世代間交流

(1) Magic Meによる世代間交流実践

　Magic Meは、ロンドン東部のビクトリア・パークスクウェアの前に建つ緑色のドアを持つ建物である。1992年に設立され、芸術大学を卒業したスーザ

ン・ランフォードさんが現在責任者を務めている。5名の専従スタッフはそれぞれの専門を生かしユニークな活動を展開している。スーザンさんはグラフィックデザイン、デイビットさんは音楽、シャロッテさんはアート（art）とプログラム責任者、クリアさんはコミュニティとコミュニケーションの責任者である。この他、7名の役員、2名の連携者、自由契約の芸術家27名、専門家としての協力者（含団体）7名の他に多くの教師、活動のオーガナイザー、活動を発展させるワーカー達や多くの活動を共にしている人々、若い学生、グループ、ボランティア団体、金銭的支援者への謝辞が2010年4月1日〜2011年の年報に記述されている。また、この期間に亡くなった高齢の参加者男女9名の氏名が"We Remember"として記されている。

　Magic Meはベス・ジョンソン財団の12の評議会メンバーの一員である。スーザンさんは長年の世代間交流実践における開拓的な事業が評価され、エリザベス女王から勲章（MBE）を授与された。色彩の美しい年報の表紙を開くと次のような文章が記されている。

「世代間を結ぶ Magic Me」
　Magic me は、世代間がより強固な、安全な地域を築き上げようとしている。
　我々のプロジェクトはしばしばパートナーとしてではなく、連携者である。若い人々は8歳から、そして大人は60歳以上が分かち合い、創造的な活動を通してチームを作っている。世代間交流のグループは、学校や博物館、高齢者のクラブ、介護ホーム、地域や文化団体で平日に出会う。プロジェクトは自由契約の創造的なアーティスト、ミュージシャン、ダンサー、写真家、印刷業、作家やドラマのスペシャリストたちのチームにより指導される。
　彼らは会話とアイデアの変化を奨励する活動をデザインしている。参加者はその年齢グループと同じように、文化や信仰においてしばしば異なっている。私達のプログラムは新しいアイデアやプロジェクトの実施を試みたり、実験を行ったモデルと結びついている。
　2010年4月1日〜2011年3月31日までの1年間の活動として次のように記されている。Tower Hamletsにおける歌や映画、モザイクなどの多彩な活動

として、この 1 年間で 152 回のワークショップとイベントをタワーハムレットとイズリンクトンで行った。290 名のレギュラーの参加者と 45 名の短期間の参加者がいた。36 人は 2 日以上のプロジェクトに参加した。3500 回以上の Photowalks Book のダウンロードと 4900 回以上の Magic Me の世代間交流レポートへのダウンロードのためのアクセスがあった。

参加者の年齢は次の通りである。

75 歳以上（116 人）40％、65 歳〜74 歳（40 人）14％、25 歳〜64 歳（15 人）5％、18 歳〜24 歳（37 人）13％、5 歳〜17 歳（82 人）28％

参加者の性別

女性（226 人）78％、 男性（64 人）22％

年報には次のような参加者の声が紹介されている。

・高齢の参加者

「その活動は私を健全にした。もし Magic Me がなかったら私は家でもうろく（gaga）していたであろう。誰とも話をしない時、脳は何と早く低下するものか驚くばかりである。」

・若い参加者

「初めは、人々はおどおどしており、恥ずかしがり、加わることを望まなかった。しかし、今、我々は私達がお互いに信頼し合っているということをお互いに知っている」

・Magic Me のアーティスト

「Magic Me は、アーティストと参加者がお互いにケアをするという方法において、非常に特殊である。そしてこれは個別的でユニークであるその活動を通してもたらされる。人々は自分を価値あるものと感じる」

筆者らが Magic Me を訪れた時、ランチを頂きながらスーザンさんのお話をうかがった。その後当日予定されていた The CLARA GRANT 小学校を訪れ、10 歳の生徒たち 15 名程に紹介された後、徒歩数分のところにあるケアホームを訪れた。高齢の男女数名が私達を待っており、作業室で 1 時間半程、共同でモザイクの作品を制作した。1 つの机に高齢者 1 〜 2 名と生徒 2 〜 3 名が座り、仲良く協力

生徒と高齢者が製作したモザイク作品。右はじがスーザンさん

してテーマ作りをした。スーザンさんと、もう1人専門の女性スタッフが指導した。

活動のあと Magic Me に戻りお茶を頂いた。夕方6時に Magic Me が定期的に担当している Westport Care Centre へ行き、"Tea Dance"に参加した。かなり高齢の車椅子に乗った男女がその時間を楽しみに待っていた。インド人の女性ダンサーが腰かけながら踊れるインド舞踊を指導した。ソーシャルワーカーが言葉遊びの楽しい歌と、全員がお互いに交流できるようなプログラムを用意し2時間を楽しく過ごした。勤めの終わった2人の若いボランティアの女性も参加した。彼女らは、高齢者とはなじみがある様子であった。Magic Me の芸術性を取り入れた多彩な世代間交流の実践を体験することができた。

(2) HAVERSTOCK SCHOOL における世代間交流

HAVERSTOCK SCHOOL は、ロンドンの北西、地下鉄の"チョーク・ファーム"駅に近いところにある。ロンドン特別区であるカムデンの世代間交流の Development officer であるバンダ カーターさんに連れられて午前中に学校を訪問した。そこでニッキ ヘイドンさんの説明を受けた。この地域は、かつての英国領植民地であった国々から労働や移住のためにやってきて生活している人が多い。5～18歳までの1300名の生徒が学んでいる。労働党の党首やロンドン市長もかつての卒業生であり、公立校一のエリート校とされてきた。現在、生徒たちは70か国からやってきており、50以上の言語が話されている。60％以上の生徒にとって英語は第二言語である。ほぼ50％の生徒が特別なニーズ

第 12 章　英国における世代間交流の実践　145

HAVERSTOCK SCHOOL の生徒と地域の高齢者の交流について報じた新聞記事

を持ち、多くの生徒はあまり恵まれていない家庭環境である。45 〜 50％の生徒が給食の無料支給を受けている。学校にはスクール・ソーシャルワーカーが配置されている。地域での取り組みの結果、すべてのエリアで 2000 年以降顕著な進歩がみられる。CVA が 2009 年に類似の 1019 校と比較した結果からも、明らかになった進歩である。

・すべての時間、地域に開かれている。これは日本の鹿島建設の支援によるところが大きい。
・学校は地域の中心にありコミュニティにアプローチしている。
・併設されている Business and Enterprise College が地域のビジネス組織と多くのパートナーシップを広げている。
・学校は活動やイベントのために、地域に資源として用いられている。
・コミュニティと市民のプロジェクトは、HAVAGO プログラムに生徒がボランティアとして参加することを促進している。

①過去 20 年間以上継続している HAVERSTOCK　SCHOOL における世代間交流プロジェクト
　・Giving and celebrating
　　生徒たちがクリスマスに高齢者を訪れプレゼントを渡したり、新年のパーティを高齢者のために開く。
　・Links with Charlies
　　デジタルアートプロジェクト、詩作の大会、亡くなった方々へ手紙を書く、

music day、Art project など。
- ・救世軍との連携
- ・Let's face the music and Dance
  Tea Dance は Parent's Day を祝うために 2008 年に、バレンタインは 2009 年から始まった。
- ・A special project: Hand built
  若者と高齢者の間に信頼を築くことを目的として、11 歳～14 歳の若者 16 人が高齢の市民と共に彫刻を制作した。("握手"の作品が学校の廊下に飾られている）

②活動からもたらされた影響
　・連帯感が強まった　・明らかに楽しんでいること　・無私になっていること　・彫刻製作におけるプライド　・未来への熱意　・参加者が増加することへの意識　・信頼感が強まった　・お互いに良く知り合ったために、双方に尊敬が見られるようになった

③年輩者のための土曜セッション
　・土曜日の午後、映画を見たりビンゴをする　・地方紙、コミュニティセンター、ケアホーム、カムデン世代間交流ネットワークへ広告を出す　・毎回クジとお菓子が出る

④いかに成功を継続しているか
　Key は学校で必要とされていることについて連絡する　・コミュニティの結束と市民性を基礎として学校を中心におく　・可能な限り多くのスタッフを異なったエリアから用意する　・生徒たちを信頼する。彼らは見事である

(3) London Borough of Camden Council の世代間交流の実践

　London Borough of Camden Council で働くバンダ カーターさんは、公立の世代間交流を実践している office の他に、2 カ所のコミュニティセンターへ案内して下さった。バンダさんが自分の役職に強い情熱と専門性を持って取り組んでいることが各記述からうかがえる。渡された数冊の年報や小冊子に

は Camden における多彩な世代間交流活動について紹介されている。London における Intergenerational Work は、"good practice guidelines for Intergenerational work" としてインターネットで世界に発信されている。

訪問した2カ所のコミュニティセンターの活動の概略は次の通りである。

1) Castle Haven Community Association（CCA）

地域住民のために多彩な活動を展開していることを HELPS Project Manager であるトリシア・リチャードさんと Transitions コーディネーターのピーター・ディさんが説明して下さった。

CCA の活動の実際

① The Haven After School Club & Junior Youth Inclusion Project

8歳～12歳の子ども達が放課後、月～金曜日午後4時～6時まで過ごせる。ここで宿題の援助やフットボールを含むスポーツや、料理、芸術、工作、ゲーム、日帰り旅行などの活動を楽しむ。利用料は1回2.5ポンドである（日本円約363円）。

② CCA HELPS（The Help Elderly Local People Scheme）

孤独で心身が衰えている人や、貧困で近隣と隔絶されている Camden に居住している50歳以上の住民に対して、このような状況が改善されるように様々な活動が行われている。HELPS の活動は London 自治区 Camden 評議会に設置された CCA の役割である。

③ CCA Youth Café

13歳～19歳の子ども達のための Youth Club というプロジェクトである。無料のミュージックスタジオ、演劇、ボクシングやフットボールなどのスポーツ、料理・芸術・工作や、日帰りの旅行などに専門家の参加もある。

④ The Little Haven

5歳以下の子ども達をもつ親を対象に火・水・金曜日の午前中に多彩な保育活動が実施されている。

2) Charlie Ratchford Resouse Center

訪問した時、地域のシニアの方々が若い男女とマンツーマンで親しく会話をし

ていた。この学生たちは、ロンドン大学医学部1年生で、センターでの世代間交流が1年間の正規の科目となっており週一日、研修のために訪れているということであった。広い廊下には、利用者の作品が飾られており、花壇と木が植えられた庭には、利用者の製作したモザイク作品のトーテムポールが立っていた。

(4) 犯罪少年のための世代間交流コミュニティ・サービス

これはCamden adult social careサービスとCamden CSFの犯罪少年のための事業計画と共同で取り組まれている。2009年～2011年の活動報告を通して世代間交流による地域における少年犯罪への効果を認識させられる。バンダさんは、犯罪少年に対する矯正の世代間交流の意義と効果について、確信をもって次のように記述している。

「世代間の接触は、反社会的な行動や若い人々の間での社会的排除に立ち向かい、世代間の誤解を縮小することを助けることができる。この活動はまだ最近始まったばかりであるので、その成果や学習、組織的な評価は、明確となっていない。互いに各世代の絆を強めることができる世代間交流のモデルは若い犯罪少年の可能性を追求し、自分を尊重し価値のある人間としての自覚を高め、転換点での罪の再犯に対する弱さを軽減させる。もし若者と高齢者がお互いにめったに会わないならば、彼らはお互いに人間としての自然な共感を感じ合わないかも知れないし、事実、挑戦しない若者や高齢者について、否定的なメディアのステレオタイプを受け入れるかも知れない。そして彼らは容易に互いに恐れたり嫌悪したり、軽蔑するようになるかも知れない」

3．Manchester City Councilにおける世代間交流

マンチェスターは、ロンドンから北西へ電車で約2時間30分のところにある。産業革命時代にイギリス綿織物産業の中心地として発展した街であり、ローマ時代の城塞の跡や世界最初の鉄道展示のある博物館がある。1970年代にイギリス経済の不況の波にあおられ、失業者が激増し経済状況は大きく変化した。

しかし今日も、音楽や美術等の芸術面では依然世界のトップレベルを保っている。市内では、演劇やコンサートなどの文化的行事が盛んで、英国内から多くの観客が集まってくる。

マンチェスターは人口約40万人、greaterマンチェスターは人口約200万人である。ジュネーブ、ニューヨーク、ブリュッセル、カナダ、オーストラリアと並び、英国内で唯一のWHOのAge Friendly Cityのネットワークをもつ都市である。

(1) Manchester City Council (MCC)

Manchester City Council (MCC) はロンドンのMagic MeおよびLinking Generations North Irelandと同様にベス・ジョンソン財団のIntergenerational Advisory Groupの一員として活動している。City評議会には90人の評議員がおり、5つのコアグループがある。評議員、地方当局、大学、民間部門、個人部門、居住者グループでAge-Friendly世代間交流が推進されている。

サリーさんとパトリックさんが筆者らを待っておられ、マンチェスターの実践について説明して下さった。パトリックさんはベス・ジョンソン財団で3年間仕事をしていた。2009年〜2011年のプログラムは13の世代間交流プロジェクトから成り立っている。それは　①若者と高齢者の共働（Shared Spaces）　②技能と学習のシェア（Shared Skills and Learning）　③健康と福利（Health

MCCでパトリックさんと共に。世代間交流実践のカレンダーを手に

and Wellbeing）④家族（Families）の4つのテーマに基づいている。

　プログラムの実践のコストは40万ポンド（日本円約5,800万円）である。それは、労働党政権の下で設置された"Generations Together"を通して資金を提供された。世代間交流の事業が、高い評価の進行と並行して実行に移されることが可能か否かについて、明示することが計画された。

　イングランド内の12の地方当局が資金を供給されることに成功した。

(2) 背景

　このプログラムは、Manchester City評議会、マンチェスター公衆衛生局内の"Valuing Older People Team"により担当された。マンチェスターでは、貧困で、かつ健康状態が不良で、孤独で孤立した状態で暮らしている高齢者が英国内の平均より多い。また、市内の若者は教育の達成レベルが低い。ここは、社会的見地から見て、恵まれない都市地域である。しかし、マンチェスターへの強い愛着と市への誇りをもっているために実践の結果はすべての社会的尺度において、進歩を続けている。

(3) プログラムのねらい

　プログラムは"Generations Together"への企画として成功した。プログラムのねらいは次の三点である。
①高齢者、若者、そしてより広いコミュニティ間のバリアを壊すこと。
②若い人々と高齢の人々が共に来るように新しいスキルを発展させるよう、そして地方のエリアを発展させるように支援する。
③ボランティアをする若者と高齢者を増やす。

　以上の目的が基金の要求とマッチする一方で、それらはAgeing Strategy（加齢戦略）とCommunity Strategy（コミュニティ戦略）が存在することによって、マンチェスターの目的とマッチした。マンチェスターは、この企画を支援した2006年～2008年にかけて、指導的な世代間交流プロジェクトを連続的に実施してきた。その企画は、Valuing Order People Teamにより発展させられたが、

それはアカデミック・公的・私的なボランタリーな分野とのパートナーを反映している。

(4) 活動の発展に向けて

世代間交流事業は Manchester の"Age-Friendly City"プログラムに取り入れられている。具体的な活動がない期間は、管理、組織、ビジネス計画、訓練及びプロセスを検討することに時間とエネルギーを当てている。

4．おわりに

今日世界のあらゆる情報が瞬時に、日本に居ながら入手できる。「世代間交流」の実践に関してもそれが当てはまるといえる。しかし、実際の活動からもたらされる臨場感は、現地に赴き、活動に関わっている担当者から直接話を聞き、活動を共に行い、1メンバーとして参加することにより得られることができるといえよう。調査期間は短かったが、国・民族を越えて共有した貴重な時間を通して連帯感、友情、互いの尊敬などに気付かされた。

英国は日本と同様に高齢社会であり、類似の社会問題を抱えているが、いち早く民間と行政の連携の下に、世代間交流の実践が確固たる理念と専門性を踏まえて、着々と進められ根を下ろしていることを知ることができた。

引用・参考文献

Intergenerational community service placements for young offenders in Camden, Review of work 2009-2011, Camden, London Brough

Haverstock School, Linking the generations: Intergenerational work at Haverstock School, Camden London Borough, 2012

Manchester City Council, Looking back Looking Forward: Developing Intergenerational connections in Manchester, 2007, pp.1-11

Beth Johnson Foundation Towards more confident communities, 2011, pp.1-22

David Walliams「GANGSTA GRANNY」Harper Collins Publishers Ltd, London. 2011（日本語訳：三辺律子訳、きたむらさとし絵「おばあちゃんは大どろぼう?!」小学館、2013）

第13章　オーストラリアにおける世代間交流プログラム
―― シドニー市およびメルボルン市周辺における移民高齢者と子どもの世代間交流を中心に

草野　篤子・角尾　晋

1．目的

　先進諸国では一様に高齢社会を迎え、特に日本では高齢化率は25％を超え、超高齢社会を迎えている。このような中で、高齢者と子どもによる世代間交流は、高齢者に役割や居場所を与え、子どもには高齢者からの知恵や英知、経験や技術の伝承、生涯発達モデルを与えられる。昨年までヨーロッパ諸国における世代間交流について報告してきたが、今回はオーストラリアの都市部における高齢者と子どもの世代間交流を明らかにする。またこれを通して、日本における世代間交流学の発展と教育プログラムの立案・実施の一助となることを目的とする。

2．方法

　文献調査を踏まえ、現地にて学校、ユダヤ文化センター、老人ホームなどの訪問、面接・聞き取り調査をおこなった。
　調査年月日　2012年9月
　調　査　地　オーストラリアシドニー市およびメルボルン市周辺地域

3．結果

(1) シドニー・ユダヤ文化センターにて
　教育部長のマリエラ・ストゥラム（Mariela Strum）からホロコーストの生

き残りの人の話を聞くことができた。生き残っている人は多くいるが、その中に約20人の語り部がいる。年間1万7,000人の高校生が、歴史の時間に訪ねてくる。95％の学校は正規の公立校で約500校。残りの5％はユダヤ人学校で、これは20年以上続いている。語り部の話は、約30分間で話せるように訓練されている。内容は、1933年から1945年までに起こったこと、おこなったこと、憶えていること、どういう過程でそれらが起こったかなどについてである。時間的な流れは、まず高校生がセンターに到着する、ドキュメンタリー・フィルムを見せる、生き残った人に話をしてもらう、生徒の質問という順番である。生徒の反応は様々である。モラル的に質問できないことも多い。経験の評価については、生き残りの人の話を聞いて、生徒が手紙を書いてきたりすることによって得られる。このプログラムは20年前にこの文化会館が開館されてから毎日おこなわれている。さらに、2008年に改築された時に、より理解がしやすくした。生き残りの人のお話は、毎日、午前2人午後3人といった日程でおこなわれている。

　高齢者は、ここに来ることによって、友人や高校生と会える。老人ホームからセンターへ出かけてくる人もいる。また、息子が運転してくる人もある。パソバー（Passover 出エジプト）以来、ユダヤ人は世界に散らばっている。オーストラリアの人口の0.5％がユダヤ人で、約10万人にのぼる。ちなみに、シドニーの人口は2011年時点で約460万人であるが、シドニーのユダヤ人人口は約4万人である。

　以上のようなセンターでのお話の他にも、高齢ボランティアは、様々な活動をしている。例えば、月曜日には、アレックス（Alex　94歳、男性）はデラックスで瀟洒な老人ホーム「モンテフィオリ」でボランティア・コーディネーターをしている。火曜日には、イボンヌとゾイは、ヘーゼル施設で「人の世話をし、勇気づける仕事」（Courage to Care）に従事している。

　ユダヤ文化センターでのプログラムは、ニューサウス・ウェールズ（New South Wales）州の歴史の授業に繰り入れられている。16～17歳の時、様々な宗教について学ぶが、英語（オーストラリアでは国語）の教科書に掲載され

ており、大学入学時に必要な課目になっている。

　歴史の教育課程に入っている人種撲滅などは、人種差別（Racism）、ホロコースト（Holocaust）の内容に入っている。このセンターの入場者は学生50％、ヴィジター50％で、入場料は必要ない。

　学校の先生、高校生などに、一日4時間、8週間の講座が開かれ、その後試験があり、試験に合格すればガイドになれる。主に人種撲滅について学ぶ。セミナーには、約50人の先生が、毎年博物館に講習を受けに来る。試験は4〜6年に1回おこなわれ、新たに、30人位のガイドが認められる。ガイドは、50歳代後半の女性および男性もいる。性比は女性70％、男性30％である。しかし、メインは、60歳代が70％、70歳代が30％である。すでに仕事を退職した人もいる。社会階層としては、中産または上流階級の人が多い。ちなみにオーストラリアでは、女性はおよそ60歳、男性は65歳位で退職する人が多い。

　話を聞いた後、学生の人生観は変わる。学生、先生、ボランティアといった経路で、生き残った人に学生の感動や感銘が伝えられる。前出の94歳になるMr. Alex Fersonさんは、毎月曜、センターに来る。「他にやることはない。唯一できることはこれだ。年をとっているが、私の記憶ははっきりしている」と言い、次のように話した。

　「私は1918年生まれ。私自身が歴史、私の記憶を学生に伝えることが仕事だ。私はポーランドで生まれた。そこでは、10％の人口がユダヤ人だった。家族と幸福に暮らしていた。町には約330万人のユダヤ人が住んでいた。今では2万人になってしまった。多くの人は殺された。他の国に逃げた人もいるが国へ戻ってきた人などの他は、アメリカ、オーストラリア、アルゼンチンに逃げた。私の家族の中で私1人だけが生き残った。ユダヤ人の町に、ユダヤ人は誰もいなくなった。お墓もみんな壊された。墓石も掘り起こされた。それはあらゆる場所で起こっていた。3年間、ドイツの強制収容所で暮らしていた。収容所では肉体労働をさせられ、食事も十分には与えられなかった。そこでは大きな工場を作らされていた。ある時、それが急に中止となった。その後、収容所をたら

第13章　オーストラリアにおける世代間交流プログラム　155

いまわしにされた。生き残れないと、考えていた。強制労働の中で、他の人々は道端で死んでいった。ドイツのブーヘンバルト収容所にいた時、1945年4月中旬に米国人がブーヘンバルトに来て解放された。そこには元々5万人のユダヤ人がいた。人数を毎朝、広場で点呼をし、毎日、毎日働かされていた。ゲシュタポによって強制されていた。1945年4月初旬、ドイツ人の力の衰えが見えてきた。その時、5,000人が強制労働を強要されていたが、殺すために働かせられ、道端でピストルで殺されたりしていた。5,000人が生き残っており、855人が死んでいた。1945年5月1日には、100人しか生き残っていなかった。最後は、馬小屋に寝ていて、閉じ込められていた。私は近くの小学校の天井裏に隠れていて、生き残った。突然ゲシュタポがいなくなった。食物も水も何もなかった。近隣の人が来たので隠れていたら、ゲシュタポは去ったと言い、パンと残りもののスープをくれた。

　まずは米国人が中心になって学校の校舎へ来て、次に、国際連盟が来た。帰る場所がどこもなくて、その後6～7年収容所にいた人もいる。」

Mr.Alex Ferson さん（左）と、ユダヤ文化センターにて

(2) シドニー教育委員会
　9月11日にシドニー教育委員会で、ユダヤ人虐殺（ホロコースト）の生き残りの女性（73歳）が、次のような話をしてくれた。

「ポーランドでは多くの人は、とても貧しかった。子ども、高齢者、若者、あらゆる年代の人が汽車に乗せられ、連行された。私の父は、私に何がなんでも生きのびるようにといった。5日目には、そこがアウシュヴィッツであることが分かった。私は、父母（45歳）、祖父母（75歳）と一緒にいた。ゲシュタポのDr.Hangularが人を選別した。真冬にもかかわらず、水のシャワーで洗われた。ヨーロッパは寒い。SSが来て、早く早くという。雪、雪、点呼、点呼、お金。子ども達は叫んでいた。彼らは、使えるものをすべて使った。人種偏見に対する大罪である。

毎日、50kmも歩かされ、私は熱が出て病気になっていた。薬も何もないので、水を飲んで良くなった。トイレに行くのも、ゲシュタポに申告しないといけなかった。1945年1月27日、500万人の子どもたち、そしてアウシュヴィッツは解放された。

戦後、SS、PSはいなくなり、数日後、すべては終わった。あなた達は解放されたといわれた。私は、どこかへ行く健康状態でなかったので、病院に収容された。ポーランドから来た私の家族は、みんな死んでしまい、私は家族でたった1人の生存者。私はすべてのアイデンティティを失ってしまったのである。生きるために、ヨーロッパからは遠いけれど、オーストラリアへ来た。1948年に船に乗った。3か月間、エアコンなし、何のコミュニケーションもない生活。誰も英語を話せなかった。英語を必死で習った。オーストラリアで夫と出会い、3人の子どもをもうけた。友人も皆、失った。」

高校生Aの質問：「兄弟は？」「皆、失った。」

高校生Bの質問：「友人は？」「　　〃　　」

「1948年2月26日に、オーストラリアへ船で出発した。村人の内、35人しか生き延びなかった。家族にさようならもいえなかった。

1933年、ヒットラーが台頭し、『我々こそ選ばれた人々である。ロシア、ポーランドは、ドイツ人に従うべきだ。』といわれた。ユダヤ人やジプシーは、ローマ時代に国を失った。ドイツ内のユダヤ人は、医者、弁護士etc.高いポジションにいた者も多い。でも首相など政治的な地位にはいなかった。ヒットラーは、

ナチス党に子どもも加わるように命じた。子どもは使われてしまった。また、ナチスは、人々の背番号登録を始めた。共産主義者、アメリカ人、その後援者等である。

『ユダヤ人は店に、入れません。ユダヤ人からは物を買いません。』
ユダヤ人との混血をドイツ人に禁じた。ユダヤ人の子どもは、あわれだった。11月11日、すべてのシナゴーグ（ユダヤ教会）が破壊された。

金持ちは、パスポートや切符を買うことができた。ヨーロッパは危ないから、多くの失業者はキューバに行く船に乗船したり、600人はベルギーへ、5万人は上海へ逃げた。

ナチのゲットー（Ghettos in Nazi）にポーランドでは、1939－1944年の間に約6万人が、ヨーロッパ中では、約50万人の人が収容されていた。

ユダヤ人はダビデの星（✡印）のついた服を着ないといけない。ドイツ系ユダヤ人、フランス系ユダヤ人など、ポーランドにゲットーがあり、そこは死の場所であった。1万6,000人は飢え死にした。当時、ユダヤ人の子どもは何らかの楽器を弾けた。それでオーケストラをつくれた。」

(3) マウント・フィオリ高齢者ホームボランティア・マネージャーとの会見

高齢者には、普通、重度軽度はあるが、認知症のある人、認知症はあるが独立して生活できる人もいる。

土曜日は、ユダヤ人にとっては安息日なので電燈をつけない。金曜日の陽が暮れてから24時間は、家族の時間と考えられている。

午前11時にサバの儀式。みんな一緒に参加して、コミュニケーションをはかる。午前中には、4、5、6歳の子どもと中学生、午後と夕方には高校生が来て、キャンドルサーヴィス（Candle Service）をおこなう。その後コミュニティ・サービスの人が加わり、コーヒー・サーヴィスとなり、灯をつける。

小学生は先生が引率して来てモザイクを作る。これには5～6週間かかる。一方、高齢者ホームにも絵の先生がいる。金曜日には、子どもと一緒にハラというパンを作る。みな作り方を習う。ミツバ（good deed）もする。Community に貢献する日のことである。

　生き残りの人の30％がホロコーストの生存者（holocaust survivor）である。月曜〜木曜には高校生が話を聞く。親が生存者である次世代（second survivor）も話をする。2〜3人の高校生が、グループで高齢者の部屋へ行って話をする。高齢者の話は、再教育ともなっている。

　コンピューターで写真を編集して、孫たちと本を作ったりもする。Hazelさんによると、高齢者はアフリカからの移民の「グラニー」（祖父母）となり、ゲームをしたりする。子どもが高齢者にインタヴューをして記録を作る。元オランダ人で当時の記録を残した人も、この施設に入っている。収容所では、子どもも番号の入れ墨をさせられていた。今でもあるタイプの人や、ひどく傷ついた人は、そこから抜け出せない。他のタイプの人は、他人に話すことによって癒される。

　①肉体　②新しいスキル　③プログラムという3つのコミュニティ・サービスからなる Duke of Edinburgh のリーダーになりたい人は20時間、コミュニティサービスをおこなう。ユダヤ教徒の大学生は、全員コミュニティ・サーヴィスに来ることになっている。高齢者で絵の上手な人と、学生は一緒に絵をかく。現役時代、エンジニア、物理学者だった高齢者は、若い時の話をする。また週に1回はEメールを送る。

　経済的に貧しい人は、一部屋に複数の人が入る施設もある。そういう人のために、ユダヤ人が中心になって寄付金を集めている。在宅ケアもしている。老人ホームに入らないと生活していけない人には、政府による審査がある。料理ができない、自分自身のことができない人が審査に通過する。

　ボランティアについては、520人のボランティアが4つの施設に来ている。1ケ月に延べ2,689時間、年間約3万6,000時間にのぼる。メンバーの維持、補充、研修をしており、各施設で研修をしている。

　オーストラリアには施設評価機構があるので、マウントフィオリ高齢者ホームは優れたボランティア・プログラムで昨年、表彰された。

(4) メルボルン・ユダヤ文化会館文書保存ディレクター：ダニエル・ヘルドマンさんとのインタヴュー

シドニーでは20人の生き残りの人が、歴史の語り継ぎを行っている。ダニエルさんによれば、1人の語り部の話は2～4時間のデータ・ベースにして保存している。また、ビデオも撮影している。「シンドラーのリスト」を監督したスティーブン・スピルバーグも、5万人のユダヤ人のデータ・ベースを作った。2013年1月から「アンネの日記」を書いたアンネ・フランクの展示をおこなう。

ポーランドからはメルボルンに来た人が多く、その他は、イタリア人、ギリシャ人である。ハンガリーからはシドニーに来た人が多い。

1,300人の生き残りの人の証言を保存している。1939年にドイツではユダヤ人の店を壊し始めた。1933年からのビデオ証言者の資料が残っている。

ジャックさんは、証言者でもあるが、ガイドを水曜日と木曜日にやっている。アブラハムさんは90歳であるがガイドの統轄をしており、博物館の理事もつとめている。

一方、日本の鹿島建設が鹿島コミュニティ・ホストセンターを開館しており、日本の広島県福山市には、ホロコースト記念館が開館している。いつもは、15～16歳の高校生が80～100人位見学に来るが、小学校5、6年生も見学にやってくる。歴史や英語の時間に来ることが多い。

1,500人の証人のDVDを、博物館におさめている。当時子どもだった生き残りの人々に、このことはどのように影響したのか。米国、ワシントンD.C.の国立公文書館でも生きのびた人々の記録が残されている。メルボルンで、記録に残されている150人にのぼるロシア人証人の語りは、インタビュー当時はまだ文字化されていないということだった。

高齢者が歴史の授業を行っている
ユダヤ・ホロコースト博物館

(5) 小学生の歴史の時間

　私が訪問した時には、私立のマウント・エリザ小学校（Mt. Eliza Primary School）の生徒が訪ねてきていた。ユダヤ・ホロコースト・センターの教育主事であるスティーブさんが、まずは1930年代からの世界情勢について説明し、ドイツ、イタリア、日本の三国同盟、ナチスの国家社会主義労働者党の成立、米国、英国、フランスなどの連合国の動静について話していた。まずは、子どもからの質問を模造紙に書いてもらった。子どもたちの質問には以下のようなものが出された。(1) どのようにしてそれは起こったのか。(2) ホロコーストの意味は？　(3) ナチとユダヤ人の関係は？　(4) 人々には何が起こったのか。(5) 犠牲者にはどんなことが起きたのか。(6) 何人の人が生き残れなかったのか。(7) どうしてユダヤ人がターゲットになったのかなどである。

　ホロコーストのホロ holo はギリシャ語で holos、entire complete を、caust は destruction by burning を意味するもので、ヨーロッパのユダヤ人の絶滅を意図していたこと、第2次世界大戦中、ドイツのナチスの協力者たちは、10万人にのぼる人々が、子どもや幼児を犠牲にしたことが語られた。

　どうしてホロコーストが起こったのか。人種との関係は？　特定の人種が危険である。ある人種は優れていて、他の人種が劣っている。それには遺伝子が関係しているという考え方が、当時強まっていた。しかし、現在、地球上に生

「勇敢な行為」をした人として、シンドラーや杉原千畝の写真が掲げられている。

存している人類はすべてアフリカを起源としている。皮膚の色が異なる民族が存在しているが、これは太陽光線とかビタミンDの吸収なども影響している。本当に、ドイツ人こそが優れた人種であり、ユダヤ人は、いまわしい人種なのか。アーリア人が優れていてユダヤ人は劣っているのか。しかし、人の誕生については変更がきかない。所属、責任、行動については、バイブルとの関連が強いと述べていた。

この日生き延びた人の話を聞きにきていたのは、ジェルズパーク小学校（Jells Park Primary School）の5、6年生の生徒で、生徒は同色の生徒の名前が染めあげられたTシャツを着て、聞きに来ていた。

アブラハムさん（90歳）の話

私は、服飾関係の街で生まれた。1939年、ユダヤ人が経営する店々を、ナチスが壊し始めた。そしてポーランド全域にユダヤ人のゲットーを作っていった。

そこのゲットー（Ghettos）には約400人の人がいた。その後強制収容所（concentration camps）に追いたてられ、最後はアウシュビッツに連行された。1944年には6万人のユダヤ人が収容されていた。ユダヤ人は普通は馬や牛をのせて運ぶ荷車にのせられて運ばれた。

収容所につくと2グループ、働ける人と働けない人に分けられ、アブラハムさんは働ける人のグループへ、アブラハムさんのお母さんは、働けない人のグループに入れられ、ガス室へ送られてしまった。

1944年、アメリカ軍が来た。小学生の子どもの一言、「もっと教えて。とても興味深いよ！」。当時は、ユダヤ人の血液型、イスラム教徒の血液型、キリスト教徒の血液型が異なると信じられていた。殺されたり、亡くなった人のボタンの展示がされている。色、形、サイズが夫々違う。

オーストラリアは、世界で2番目にユダヤ人が多く移民してきた。50万人にのぼるユダヤ人が国外に脱出した。アンネ・フランク、そして父親のオットー・フランクらは屋根裏に隠れていたが、密告によって捕まってしまった。

アウシュビッツの強制収容所

また、ワインセラーに隠れていた人も、捕まえられた。

　日本の外交官で当時リトアニアの領事をしていた杉原千畝は、ポーランド等欧州からナチス・ドイツの迫害から逃れてきた約6,000人のユダヤ人に大量のビザを発給してユダヤ人を救った。杉原千畝、シンドラー等、8人の勇気ある行動によって、日本経由で自由の港であった上海に、アブラハムさんを含めて1,500人のユダヤ人が逃れてきた。全体では150万人が亡命した。

(6) 生き延びたアブラハムさんと高校生との質疑応答

　生き延びたアブラハムさんと、高校生との質疑応答は以下のようなものであった。

高校生：両親は何をしていたのか

アブラハムさん：13歳で戦争が始まった。両親は、紡績工場を経営していた。1939年、戦争が始まった。ヒットラーの、白人でブロンド髪の優性種の宣伝が盛んになり、新しい国に新しい土地、すなわち植民地が必要だとの主張が声高に広がっていった。

高校生：どういうところに住んでいたのか

アブラハムさん：ゲットーに住んでいた。ゲットー内の小屋に住んでいた。大きなゲットーで、そこの住人の50％が死に絶えた。

第 13 章　オーストラリアにおける世代間交流プログラム　163

生徒に話をする教育主事のスティーブンさん（左）、右はアブラハムさん

高校生：どういう生活か
アブラハムさん：薬もない、食べ物もない、仕事と言えば強制労働をさせられた。普通の人間が一日 2,000kcal 必要なのに、700kcal しか与えられなかった。

高校生：強制労働とは？
アブラハムさん：実際に、給料をもらうことはない強制労働だった。

高校生：どのような工場で働かされたか
アブラハムさん：靴の工場、タイルの工場、軍服を作る工場などで働かされた。最後に解放された時は、やせ細って体重が 29kg になっていた。人類に違いはない。私は偏見でひどい経験をした。人は他人をいかに尊敬するかが大切だ。いじめに遭った時は、黙っていると私たちのようになるから、それに対して黙って沈黙しないで、何か行動をおこしたり、介入しなさい。早いうちに行動をしなさい。

高校生：当時はどういう状況だったのか
アブラハムさん：当時、私は 15、6 歳だった。ポーランドには、ゲットーが 400 位あったよ。

高校生：逃げた人はいなかったのか
アブラハムさん：逃げられない。1歩でも出たら、ポーランドはドイツに占領されていたので、逃げられない。

高校生：ゲットーは戦争前の生活とどう違うのか
アブラハムさん：1軒の家に50人位住んでいた。

高校生：ゲットーに収容されてからその後どうしたのか
アブラハムさん：僕はアウシュヴィッツに連れて行かれた。各地の収容所へ、家畜運搬用の荷物列車にずっと立っている状態で連れて行かれた。トイレもなく、何日もかかって連れて行かれた。

高校生：お母さんは、どうしたの
アブラハムさん：収容所に母はいたけれど、私は仕事ができるから生き残れたが、母は働けないからガス室へ連れて行かれた。ガス室に行く前に一瞬出合った時、母は、生き残って、ここであったことを、伝え続けなさい。何万何千の生き残れなかった人は伝えられないので、お前が伝えれば、その人たちがいたことを伝えられる。ユダヤ人は600万人が亡くなった。1人1人の犠牲者には名前があり、家族があった。メルボルンのクリケット場は10万人収容できるけれど、数で何万死んだというのには意味がない。

(7) カレッジ・トゥ・ケアー（Courage to Care）プログラム・マネージャーとの会見

このプログラムは、1992年に始まった。どのようにして始まったかというと、1人の人を助ける人もいるし、杉原千畝のように多くの人を助けた人もいる。様々な人が助けた。一人一人の学生が、いかに力を持っているかに気づかせるのが、このプログラムの目的である。どのように、誰によって助けられたのかを大切にしている。26枚のパネルに多くの人々のことを説明している。そこ

には、ホロコーストの生き残りの人々の口から語られていることを載せている。少人数のグループに対して語ってもらう。生徒や学生たちに、自分の中でどう受け止めてきたかを考えさせて、痛みを感じさせる。

例えば、ホロコースト以外でもサラエボやカンボジアなどのことも考える。どのように偏見をなくしていくのか。どういう偏見が何を起こしていくのか。本当に普通の人がどんなに力を持っているかを気づかせる。また、その後のフォローアップをし、学校でいじめがあるところでは、その後何が起こっているのかを、学校も、この団体（Courage to Create）もフォローアップして、振り返りをしている。

"Courage to Create" という名前で、生徒が学んだあと美術教員（art teacher）がダンス、詩、絵を描いたり彫像にしてもらう。一日、見学に来てもらっただけではなく長い間考えてもらいたい。点を線にする。変わってもらわないといけない。一滴の水であっても波紋をどんどん広げて行ける。学業に困っていたり、学校に行けない引きこもりの子どもにとても効果がある。証人の話を聞くプログラムに参加してもらうことによって、子どもは分かる。(1) 出前する (2) 学校とか、公民館で行なうという2つの方法をとっている。以上のような方法で、学校で上手くやれるようになったり、学校へ行けるようになる例が多い。

口コミで広がっていって、何の宣伝もしていない。プログラムをおこなう3週間前に、先生たちへ説明する。簡単には行けない離れた場所でも展示をおこなう。生徒に教える前に、教師に教える。登校拒否などがある特別な学校や、病院のスタッフに焦点をあてて、一緒に考える。

人は出身国によって偏見を持ちがちである。特にロシア人患者はソヴィエトの方式を持ち込んで、自己主張をする。ソ連から来た人は、自国で主張しないとやってもらえなかったので、病院内へ食べ物を持ち込んでくる。そうなると、あ〜マルタ人は、ギリシャ人は、ということになるが、もっと器を広げて考える必要がある。これは、アンティ・偏見プログラムでもある。本当に人を見ないということを止めさせるために、ホロコーストの話を使っている。このプログラムは、もともとはユダヤ人のチャリティ団体であるベネバリー・プログラムが始めた（1992）が、現在は Courage to Care がおこなっている。これはユ

ダヤ人を対象にしたプログラムではなく、アンティ偏見グループの活動で、ファシリテーターもユダヤ人だけでなく、他の人が多い。

ボランティアは60～70人、生き残りの人々に対して、支払いはない。シェパートンで2週間展示をおこなったが60人全員、ボランティアである。歴史上、ひどいことが起こったということを教えるのではない。偏見によって、いかに人を傷つけるかを考えてもらうもので、フェイス・ブックもやっている。

16歳や17歳の子ども、特に多文化（イスラム教、ユダヤ人）の子どもがフットボールをする時にも、理解しておく必要があることがある。多くは難民であり、ある学生はイランからパキスタンを通ってオーストラリアに来たが、母国では全く教育を受けていない。展示会の前に、その地域のヒーローを見つけ出しておく。スーダンのコミュニティーは荒れている。その人達は、警察と必ずといっていいほど衝突する。そのような時、10代の生徒や学生であっても、地域のヒーローはスーダンからの移民と警察との仲介に立ってくれる。

パキスタンで両親を亡くして、オーストラリアに来た学生がいる。その子は生徒会長になり、その高校がとても良い学校に変わっていった。決して有名な人である必要はない。隠れたヒーローを上手に使って、地域を変えていく。

どのようにするかについては、以下の通りである。展示会をする前に、コミュニティーや教会等と話をするうちに、地域のヒーローになりそうな人を捜す。本当に普通の人、学校やその地域を変えていく人である。その過程で、賞などを与えると「自分は何もしていない。」と言う。

小さいことをすることによって、世界を変えられる。例えばイスラム教の子とユダヤ教の子が、サッカーチームを作ったが、上手くいかなかったが、ローカルヒーローが出てきて、チームが上手くいった。

このプログラムには、州の教員局から少額、さらに慈善団体および州の移民関係の予算からも少ないが寄付が入ってくる。例えば、サッカーをやる時のスニーカーの紐を新しくする費用などに使える。

ある学校に電話をしたら、中3、高1の子が7人も自殺をはかったという。本当に田舎の学校なのである。最初の計画だと公民館でおこなう予定であった

が、そこに来るバス代もないというので、その学校へ行った。精神科の医師や心理学者も含めて、計画を作り直した。

生徒が家に帰ったら、インターネットでのいじめが待っている。過去5年間も孤立した状態で、親も教師も手をつけられなかったが、Courage to Care が少しは役に立っている。

(8) **マリアナ・マイク**（1929年生まれ　ハンガリー出身）**さんとの会見**

私は戦争が始まった時には、わずか10歳だった。それから日に日に状況が悪化した。ゲットーから強制収容所に送られた。まずアウシュビッツ、それから他の収容所に送られた。

その頃、ハンガリーでは反ユダヤ人の動きが激化して、ドイツ軍が来る前に殺されたり、ユダヤ人が襲われたりしていた。

解放後、命からがら故郷に帰ってきた頃には、故郷の村からユダヤ人たちが連れ出され、残ったのはたった3人だけだった。それはマリアナと母と、マリアナの父だ。その3人が生き残っただけであった。

その後、故郷を捨ててパリに行って、他の国へ移民するつもりで許可証を取得できるのをそこで待った。幸いな事に、かつてブタペストに住んでいて、以前プタベストでブラジャーやコルセットに使うゴムを作っていたマリアナの叔父が7年前（1938年頃）にオーストラリアに移民し、シドニーでもゴムの工

前列左がマリアナさん、その隣は娘婿のマシモさん

場を経営していた。そんなこともあって、オーストラリアへ移民する許可証は、それほど待たずに手に入った。

(9) メルボルン郊外のグルー・ウェバリー高等学校（Gleu Waverlly High School）での実践に関するスペイン系のマリサ・コドラさんとドイツ系のレモーナさんとの会見

　この高校には3年間のプログラムがある。この地域の高齢者はプロダクティブ（生産的）であることが重要であると同時に、健康問題に関心がある。学生は社会心理的な（Psyco-Social）関心があり、公衆衛生や老年学の先生がこのプログラムに関わっている。高齢者と学生の交流は双方を幸せにしているという。

　子どもは高齢者から技術や言葉を学ぶことができるが、これは表層的なことであって、多くのプログラムは、学生たちの生命や生活への向き合い方、態度についてチャレンジをしているが、本プログラムはそれを超えるものとして挑戦している。

　このプログラムには、モナッシュ大学が連携しているが、モナッシュ大学は、オーストラリアだけでなく、世界の他の国々にもキャンパスがある。それは南アフリカのヨハネスブルグ、北京、ダーバンなどである。この大学に進学するのに必須の高等学校での授業は、中国語、スペイン語、フランス語がある。

　グルー・ウェバリー高等学校は、現在、神経科学で、研究費を続けて取りたいと考えている。高齢者は、年を取るほど母国語を使うことが多くなるというが、新しい言葉への記憶力が弱くなるからではないかと考えられている。

　中国人ボランティアの凱さん（94歳）は次のように話す。「若者は、私たちにコンピューターや英語を教えてくれる。また、私たち高齢者は、中国語を教えることができる。」コンピューターの習得には等級があり、コンピューターの専門用語を英語で学んでいる。しかしこのプログラムは、本年度で助成が終わってしまうそうである。

　iPadなど、新しいテクノロジーを使って、第1言語だけでなく第2言語に興味を持ってもらうことが大切である。クラスの進め方は、いつもは、トピックスがあってみんなで話す。モナッシュ大学のホームページを見てもらうとよ

く分かるという。

　この授業は、10月末または11月におこなわれる大学入学試験の一部となっており、高校のランキングで、とても良い成績を持つ学生を輩出している。この授業内容は、語学の成績としてカウントされているのである。

　高校生の第1言語は英語である。オーストラリア生まれの中国人の第2言語は中国語が多い。スペイン語、ドイツ語は、オーストラリア人の学生が第2外国語として習う。必ずしも、スペイン系、ドイツ系の学生ではない場合も多い。各州で大学入試テストがある。

　マリサさんが困難なこととしてあげるのは、例えば若い人が department store と言うのに高齢者は百貨店と言うように、世代間で語彙が違うことである。中国語についても上海語、広東語、北京語、方言がある。しかし、高校生との授業を6か月くらい経験した高齢者は、教え方を会得する。

　マリサさんは高齢者に対して、「あなた達は、天使ですよ」と感謝の気持ちを表わす。高齢者は、授業に貢献した証書を授与され、11月23日にはモナッシュ大学でおつかれ会が開催される。

　モナッシュ大学の教授によると、これは Dr. Michel Clein がデザインしたもので、モナッシュ大学からメルボルン大学に広がり、その後また、モナッシュ大学に戻って来ているという。定例会が1ヶ月に1回開かれていているが、高齢者自身が団体を組織している。

グルー・ウェバリー高等学校での高齢者と高校生の授業風景

20人の高齢者と20人の若者が同数でグループを編成し、2セッション話し合いをする。男女の数は、考慮に入っていない。
　高校生はシンガポール、マレーシア、香港出身で、英語で学校教育を受けてきた者は中国語が話せない。従って、この交流を通して、書く力、話す力が養われ、大学入試に役に立つが、多文化研究や多言語理解にも役立っている。
　この交流の前後に、高校生は語学能力試験を受けている。また高齢者は、自らのアイデンティティを求め、健康や加齢に気づかい、自らの文化に誇りを持っている。
　4つの高校で、中国語、スペイン語、ドイツ語、フランス語の授業があり、オーストラリア連邦政府委員会、オーストラリア研究委員会、オーストラリア学校教育委員会が後援している。
　しかしオーストラリアに移民してきて、人種差別にさらされた高齢者は、「私は英語を、絶対に習いたくない」といい、10人中1人しか、英語を習おうとしないという。オーストラリア政府は、高齢者に英語を習うようにと言ったことはない。プラグラム・コーディネーターのジェラルド・ベイト氏によると、高度なテクノロジーを使って、神経組織を刺激している人がいる一方で、神経組織を孤立させてしまい、他の人に会わないので、神経細胞が死んでしまい、ニューロンの数が減る人が出ている。そうなると情緒的アイデンティティ、自己統一性、自分が誰なのか、生きていることの意味が分からなくなってくる。言葉を習得すると、脳の言語野の中心部を刺激する。新しいことを学ぶことは、脳科学的に大切であると。

4．考察

　ドイツやポーランドなどヨーロッパ諸国から移民して来た約10万人のユダヤ人高齢者が子どもたちに語り継ぐ戦争体験やホロコースト、ゲットー体験などの一部が明らかになった。オーストラリアは、ヨーロッパから移民したユダヤ人が世界で2番目に多い。このオーストラリアに移住したユダヤ人が中心と

なって、彼らの体験を 1930 年代から第 2 次世界大戦までのヨーロッパに何が起こったのかを語り継ぎ、小・中・高等学校やユダヤ人センターで州政府の正規の歴史の授業として登録・実施されている。またメルボルン郊外の高等学校で行われている多民族、移民社会での世代間交流プログラムでは、地域のドイツ系、フランス系、中国系等の高齢者と、高校生がさまざまな言語で互いに話し合う世代間交流が、大学進学に必要な授業科目の一環として行われていた。「歴史の語り継ぎ」と同時に、現在のオーストラリアが抱える多文化社会の課題解決のための方策の一部も明らかになった。

　なお、本研究はモナッシュ大学のスーザン・フェルドマンさん、ニューサウスウェールズ大学のカズヒロ・マシモさんの協力があって行うことができた。ここに感謝の意を表したい。

引用・参考文献
大迫俊夫　カーシュ幹子　「歴史の癒しのインタージェネレーションプログラム―ホロコーストに関するハンブルグ市（ドイツ共和国）の事例」、草野篤子・秋山博介編『現代のエスプリ』444 号　2004 年、130-137 頁
U.S.Holocaust Memorial Museum　Survivors and Victims, http://www.ushmm.org/research/collections/resourcecenter/servivorvictim（2013.7.31）

あとがき

　最近の社会変動は、筆者にとっても驚くべきものがある。未来学者のトーマス・フレイ（Thomas Frey）は、スピーチのなかで「2030年までに技術革新によって全ての仕事の50％が消滅する」（TEDxReset：2011年2月10日：イスタンブール）と語る[1]。また「2011年度にアメリカの小学校に入学した子どもたちの65％は、大学卒業時に今は存在していない職業に就くだろう」（2011.8 New York Times, Cathy N Davidson：Duke大学）という話が目に留まる[2]。やや性急な結論かもしれないが、これらは、次世代を担う子どもたちに「今は存在しない職業への準備」も求めなくてはならないという示唆に思える。

　上述の裏付けは科学技術の進歩に見られる。その中の一つに自動車が挙げられる。現代社会は、自動車の存在なくしては成立しないといっても過言ではないが、その自動車業界に「自走自動車」という革命児が登場しようとしている。2012年にはGoogleの自動運転カーが完成し、「ドライバーを乗せて手ぶら走行中のムービー」が公開されている[3]。同年、「未来の自動車は自動運転、免許さえ不要に」（IEEE：国際電子電気技術者協会）が記事になり、「GMのキャデラック部門では、2015年までに半自動運転車の大規模生産に乗り出す計画で、全自動運転車に関しても2020年までに実現できる」と見ている[4]。2013年には、日産自動車が「2020年までに自動走行車を発売する計画を発表した。」[5]といった心が躍る記事を目にした。人の操作を介さずに、「自動」に走る車を入手できるとなると、近未来に高齢期を迎えようとしている筆者にとって実に朗報である。また使用する対象も幅が広がり、だれでもが、どこにでも呼びつけることができたり、輸送してくれたりする便利なツールになりそうである。しかし、これが現実のものになると、バスやタクシーをはじめ、トラックや宅配サービス車を運転する業務などなくなり、自走自動車のシェアをユーザーに勧める斡旋業や自走を制御するコントロールセンター関係の仕事や事故対応専門のライ

センスを有する職種が生まれるかもしれない。運転免許証の有無も含め、新たな法整備を求める社会変革が起きそうだ。

　３Ｄプリンターの開発にも目を見張るものがある。３Ｄプリンターでつくったものをインターネット上の写真などで見ると、自動車部品をはじめ、建築関係の品々、運動靴やドレス、コップなどの身近な生活必需品、さらにクッキー、人工の骨や皮膚、拳銃までつくり上げてしまう[6]。それこそ、これらに関連している多くの業種・業界は、大転換を余儀なくされるのではないだろうか。一方、その代替えとして様々な世代を含み込み、個人のニーズに対して瞬時に応じる個性創造の社会が実現できるのかもしれない。その人のサイズに合わせた机・椅子や衣料品のみならず、身体に同化するサングラスや時計、あるいは個人の身体の一部に疑似化する携帯電話などが開発される可能性も否定できないだろう。それは、全ての世代を対象化する個性対応の便利な社会の実現と言えるのかもしれない。

　技術革新の最前線として「ロボット」の存在を忘れてはならない。すでに、産業用ロボットの開発はめざましい。少し前のテレビ映像では、機械の形を残しつつ、愛らしい動きができる犬型ロボットや二足歩行できるロボットなどが話題になった。最近では、顔の表情も豊かで、歌ったり、踊ったりする実に精巧なロボットも制作されている[7]。丸くて平べったいお掃除ロボットを購入して喜んでいた筆者も、つい次の製品を期待してしまう。掃除はもちろんのこと、炊事・洗濯、留守番など何でもこなす家事用ロボットや患者のデータを熟知し、簡単な医療処置も行える家庭用医療サポートロボットである。加えて、荷物運搬や歩行支援など身体機能の補助・介助のできるロボットや会話のリハビリに役立つおしゃべりロボットも人に安心感を与えてくれる形を望んでしまう。こうしたロボットは、博物館などの館内紹介、交通機関の改札口・窓口等の対応といった人と接するシーンでの活躍も期待できる。また、教育の場においても同時発生することは間違いないだろう。ライフステージに応じた教育機会の提供など、ロボットが伴走役としてその能力を発揮することを望むのは、それほど無理なことでもあるまい。

さて、教育に関心をもつ筆者は、こうした近未来社会を展望する時代に我が国の教育をどのように展開しようとしているのかが気にかかる。

昨年、中央教育審議会は、第2期の「教育振興基本計画（答申）」を示している[8]。教育振興基本計画は、教育基本法第17条第1項に基づき、政府が策定する教育の振興に関する総合計画であり、第2期の計画期間は2013（平成25）年から2017（平成29）年とされている。ここに示す共通理念は、「教育における多様性の尊重」であり、「ライフステージに応じた『縦』の接続」、「社会全体の『横』の連携・協働」ならびに「現場の活性化に向けた国・地方の連携・協働」である。そして教育投資は、「協働型・双方向型学習など質の高い教育を可能とする環境」を構築することにある。すなわち、今後の社会の方向性としてとらえている点は、成熟社会に適合し知識を基盤とした「自立、協働、創造」モデルとしての「生涯学習社会」をつくりあげることである。それは一人一人が多様な個性・能力を伸ばし、充実した人生を主体的に切り開いていくことのできる社会であり、個人や社会の多様性を尊重し、それぞれの得意なことなどを生かして、ともに支え合ったり、高め合ったりして、社会に参加・参画ができる社会をめざしているのである。またそれらの自立・協働を通して更なる新たな価値を創造していくことのできる社会の実現を掲げている。

上記のような「生涯学習社会」に向けて、この答申では、次の4つの基本的方向性を示している。

1　社会を生き抜く力の養成
2　未来への飛躍を実現する人材の養成
3　学びのセーフティネットの構築
4　絆づくりと活力あるコミュニティの形成

「社会を生き抜く力」は、「多様で変化の激しい社会の中で個人の自立と協働を図るための主体的・能動的な力」と定義付け、幼稚園〜高等学校段階では「生

きる力」の確実な育成を図り、大学では「課題探究能力」の修得などをミッションとしている。また成果目標としていわゆる現代的・社会的課題に対応した学習の充実が求められている。男女共同参画学習であったり、人権、環境、消費者、防災に関する学習、持続発展教育（ESD）であったりする。自立した高齢期を送るための学習なども含まれる。このような学習で期待する力は、様々な社会とのつながりの中でしか醸成されないことは言うまでもない。それゆえ地域に根ざした学習の場とその機会の提供が不可欠であり、その役割の重要性を再認識するところである。

　「未来への飛躍を実現する人材の養成」については、「変化や新たな価値を主導・創造し、社会の各分野を牽引していく人材」の養成を意味している。すなわち「新たな価値を創造する人材やグローバル人材等の養成」といえる。そして「創造性やチャレンジ精神、リーダーシップ、日本人としてのアイデンティティ、語学力・コミュニケーション能力」などの育成に向け、「多様な体験・切磋琢磨の機会」の増大、「優れた能力と多様な個性を伸ばす」環境の醸成が図れるようにする点が肝要とされる。グローバル人材育成推進会議審議まとめ（2014年6月）では、グローバル人材育成戦略の要素として「語学力、コミュニケーション力」「主体性・積極性、チャレンジ精神、協調性・柔軟性、責任感・使命感」「異文化に対する理解と日本人としてのアイデンティティ」が挙げられ、重要視している。

　「学びのセーフティネットの構築」は、端的に言えば、「誰もがアクセスできる多様な学習機会」を用意することである。付け加えれば、幼児教育無償化への取り組みや奨学金制度の充実、授業料免除といった教育費負担の軽減や地域とハローワーク、地域若者サポートステーション等との連携、学校安全対策等へのはたらきかけである。

　「絆づくりと活力あるコミュニティの形成」には、「社会が人を育み、人が社会をつくる好循環」が意味付与されている。つまり、「学習」を通じて多様な人が集い、協働するための体制・ネットワークの形成など社会全体の「教育力」の強化といえる。また様々な地域の人々が主体的に社会活動に参加し、互恵的

関係を有しつつ、支え合うための環境整備であると考えられる。具体的には、コミュニティの協働による家庭支援や特定世代に限らない生活習慣づくりがあてはまるだろう。さらにコミュニティスクールの形成と学校支援や放課後の子ども教室、大学・地域等の生涯学習機能の強化・活性化がイメージされる。

こうした社会情勢のなか、日本の知識基盤社会（knowledge-based society）は、確実に深化・発展を遂げようとしている。知識基盤社会は「新しい知識・情報・技術が政治・経済・文化をはじめ社会のあらゆる領域での活動の基盤として飛躍的に重要性を増す」社会である。その象徴となる知識は、国境がなく、グローバル化が進み、変化し、競争と刷新が絶え間なく生まれる。また知識の進展は旧来のパラダイムの転換を伴うことが多く、幅広い知識と柔軟な思考力に基づく判断が一層重要となるとともに性別や年齢を問わずその知識を基盤とする社会に参画することが促進される。もう少し強調的に言えば、あらゆる分野で新しい知識・情報・技術の開発・創造・刷新が活発化し、シームレス社会の拡大化が増す「知識創造社会（knowledge-creating society）」とも表現できよう。そして「共生のための知識創造」が目標に掲げられていると読み取れる。ここでいう「共生」は、いわゆる全生命が共存共栄する互恵的関係を構築することととらえている。

21世紀型スキル[9]を参考にこれからの知識創造社会における求める力を筆者なりにまとめると「互恵的協働解決力」「ICTリテラシー」「シチズンシップ」の3点といえよう。特に「互恵的協働解決力」には、「コミュニケーション（communication）やコラボレーション（collaboration）、ネゴシエーション（negotiation）とともに互恵的判断（reciprocal decision）といった要素によって構成されるのではないかと予想する。「シチズンシップ」も社会的責任や個人の責任、あるいは個人の人生におけるキャリア形成も含まれるだろう。それらは、いずれも「横」の結びつき・広がりを豊かにすることにより育まれたり、伝統、伝承、継承等に見られる「縦」の絆やつながりを強くすることにより高まったりする。科学技術社会の重要課題となる「ICTリテラシー」の育成もその例にはずれない。

以上のような現代社会と近未来社会において、私たちは、本書のシリーズ刊行において何を提言しようとしているのか。原稿を寄せてくる者の思いを推察すれば、言うまでもなく「世代間交流学」の確立だといえる。いや、「世代間」というよりは、上述のように強調される社会からすれば、多くの世代、年齢差を踏まえた交流の術や効果を体系づけようとする「多世代交流」の実践と理論の構築だといえそうだ。しかし、こうした"多世代の交流"は、ありとあらゆる生活場面や社会・国家システムで成立する生命活動現象であり、複雑化の一途をたどっている。進化・発展ばかりではなく、停滞・衰退の様相を呈するケースも見られるため、一言で語れない実感は、容易に共有できるだろう。したがって、多世代の交流を体系付けるためには、それ相当なエビデンスを提示していかなくてはならない。また、国内の実証事例に留まることなく、グローバルに検討することも同時並行的に求められる。他の学問がその体系づくりに時間と労力を要したのと同様に地道で絶え間ない努力を続ける必要がある。それは途方もない旅路のスタートかもしれない。その志を理解し、共有する方々、また賛同し、期待し、取り組みを始める方の存在こそ、本書刊行にたずさわった筆者には、力強い激励の言葉となってくれるように感じられる。それは、「卒啄同機」のように「世代間（多世代）交流学」というひな鳥が卵から孵ろうとする今、卵の殻を外から突いて、雛が出てくるのを助ける親鳥の役を担っているともいえる。それ故、本書に関して叱咤激励という親鳥の温かく愛情あふれるご指導を願うばかりである。

　本書タイトルは、「世代間交流学の理論と実践」のシリーズ１としている。シリーズは続く予定であるが、今後それらを読み込んでいくには、「世代間交流学」の「世代」と「交流」を仮のキーワードとしておくのがよいだろう。そしてそのこれらの構成要素として「場」「対象」「コンテンツ」の３点を挙げておく。「場」は文字が示す通り、世代と世代の間に交流が起きている、起こしている現場に対して注目している点を表す。「対象」は、交流している主体としての人に焦点を当てているケースを意味している。「コンテンツ」は、様々な世代の間で繰り広げられる交流の内容を取り上げ、何が起きているか、何が

成立しているかといった点を強調している。また、どのような内容を準備し展開させることがよいかという点も含む。これらの観点は、どの章にも全て込みになっているため不足しているものなどないわけであるが、各章の主張点を特徴付ける意味で、これらを念頭に置きながら、本書の各章を読み込んでいただければ幸いである。そのような読書体験こそが、タイトル『人を結び、未来を拓く世代間交流』の内実をとらえる有効な手立てではないかと考えている。しかし、こうした読者への誘いは、むしろ筆者たちへの意識の覚醒の一助であるかもしれない。今後も心して本書のシリーズを手がけていきたい。

最後になりましたが、本書刊行に際し、草野博志・ヨシエ記念財団の援助を得ましたことを心より感謝申し上げます。また、編集担当をいただいた三学出版の中桐信胤様のご尽力に対し厚くお礼申し上げます。

編著者を代表して

溝邊　和成

参考文献・資料

1）http://vimeo.com/37164389
2）https://twitter.com/CathyNDavidson
3）http://gigazine.net/news/20120329-self-driving-car/
4）http://sankei.jp.msn.com/wired/news/120921/wir12092116060005-n1.htm
5）http://www.cnn.co.jp/business/35036477.html
6）http://www.google.co.jp/search?q=３Dプリンターでつくったもの&client=safari&rls=en&tbm=isch&tbo=u&source=univ&sa=X&ei=_mqyU-zBJ4bjkAXBhoCYDA&ved=0CCcQsAQ&biw=1104&bih=733#facrc=_&imgdii=_&imgrc=u3KKyjtAM9w4JM%253A%3B_h43ZULMQA7KuM%3Bhttp%253A%252F%252F3-d-craft.com%252Fwp-content%252Fuploads%252F2013%252F09%252Fgroupt.png%3Bhttp%253A%252F%252F3-d-craft.com%252Fpress%252F1157%3B630%3B370
7）http://ja.wikipedia.org/wiki/HRP-4C
8）http://www.mext.go.jp/component/b_menu/shingi/toushin/__icsFiles/afieldfile/2013/05/08/1334381_02_2.pdf
9）http://atc21s.org/

執筆者紹介（執筆順）

担当	氏名	プロフィール
はじめに、 第9章、 第12章、 第13章	草野　篤子	白梅学園大学名誉教授。医学博士。現在、日本世代間交流学会会長、NPO法人日本世代間交流協会会長、米国テンプル大学世代間学習センター上席研究員、信州大学教授を経て現職。『現代のエスプリ　インタージェネレーション：コミュニティを育てる世代間交流』（共編著、至文堂、2004年）、『グローバル化時代を生きる世代間交流』（英語版共編著・邦訳監修、明石書店、2008年）、『世代間交流効果』（共編著、三学出版、2009年）、『世代間交流学の創造』（共編著、あけび書房、2010年）ほか。
第1章	安永　正史	東京都健康長寿医療センター研究所（社会参加と地域保健研究チーム）研究員。子ども学博士。世代間交流プログラムREPRINTSに従事。専門は世代間交流が子どもの発達に与える効果の実証研究。「短期集中的な世代間交流プログラムが児童に与える影響―SD法による高齢者イメージの検討―」（応用老年学, 8(1), 14-22, 2014年）、「教育、保育現場における世代間交流のツールの要件―高齢者の生涯学習の視座から―」（日本世代間交流学会, 3,87-91,2013年）ほか。
第2章	内田　勇人	兵庫県立大学・大学院教授。医学博士。専門は健康教育学、老年学。高齢者の生きがいづくり、子どもと高齢者の交流、生涯にわたる健やかな発達環境のあり方、人口減少社会と私たちの生活をテーマに研究活動を行っている。『多様化社会をつむぐ世代間交流』（編著）（三学出版、2012年）、『世代間交流学の創造』（分担）（あけび書房、2010年）ほか。
第3章	片山　めぐみ	札幌市立大学デザイン学部講師。建築デザインおよび環境心理・行動学をバックグラウンドとして、常に現場に携わることをモットーに研究・デザイン活動を行っている。コミュニティに関する調査研究と地域のコミュニティデザインを手がける。「積雪寒冷地における高齢者の居場所づくり」（株）ワールドプランニング（共著、2014年）、「高齢者と地域とを結び付ける『縁側サービス』の効果：福祉系NPO法人によるコミュニティ・レストランを事例として」（共著、2012年）ほか。札幌市円山動物園の展示施設デザインを監修した。
第4章	間野　百子	小田原短期大学教授。東京大学大学院教育学研究科博士課程単位取得満期退学、修士（教育学）。専門は社会教育学、生涯学習論。『世代間交流効果』（共編著、三学出版、2009年）、『世代間交流学の創造』（共編著、あけび書房、2010年）、"Role of Intergenerational Mentoring for Supporting Youth Development"（日本教育学会編『教育学研究』英語版、第2号、2007年）ほか。

担当	氏名	プロフィール
第5章	山之口　俊子	生きがい図書館プロジェクト（http://ikigailibrary.com）主宰。社会福祉学博士。少子高齢社会という現実の中で、図書館をソーシャル・キャピタルを豊かにする場と位置づけ、その図書館で人生を語り、それぞれの「物語」を共有することで、それぞれが「生きがい」を実感しあい、その交流によって「幸せ」の確認をする。「男性高齢者の子育て支援活動にみる"生きがい"」（第4回世代間交流学会口頭発表）、「逆境でのQOLを支えるスピリチュアリティ」（社会シニア学会誌8号）、「認知症を病んで後の"生きがい"」（最新社会福祉学研究、第11号）ほか。
第6章	斎藤　嘉孝	法政大学キャリアデザイン学部准教授。Pennsylvania State University博士課程修了（Ph.D., 社会学）。専門関心は、家族や親子の生涯にわたる関係性や世代間関係、関連政策プログラムの評価検討、社会調査。『子どもを伸ばす世代間交流』（勉誠出版、2010年）、『親になれない親たち』（新曜社、2009年）ほか。Journal of Intergenerational Relationshipsのeditor(2009)を務めた。
第7章	山本　玲子	尚絅学院大学名誉教授、食育ネットワーク研究会（なんの会）代表。東北大学医学研究科博士課程修了（医学博士）、東北大学医学部講師、尚絅学院大学大学院総合科学研究科教授などを経て現在に至る。研究分野は医化学、公衆衛生学。環境汚染物質モニタリングへのアプローチ、地域と世代をつなぐ食育ネットワーク構築など研究。編著「衛生・公衆衛生学～社会や環境のシステムと健康との関わり～」（アイ・ケイコーポレーション）ほか。
第8章	谷口　幸一	東海大学健康科学部特任教授。早稲田大学大学院文学研究科心理学専攻博士課程（満期退学）。専門分野は生涯発達心理学、健康スポーツ心理学。博士（医学）、臨床心理士。鹿屋体育大学体育学部教授、東海大学健康科学部社会福祉学科教授を経て現職。『成熟と老化の心理学』（編著）（コレール社、1997年）『スポーツ心理学ハンドブック』（共編著）（実務教育出版、2000年）『高齢者支援のための精神医学』（共編著）（診断と治療社、2004年）『エイジング心理学―老いについての理解と支援』（共編著）（北大路書房、2007年）『老いと心のケア－老年行動科学入門』（共編著）（ミネルヴァ書房、2010年）『高齢者のこころとからだ事典』（共編著）（中央法規、2014年）ほか。
第9章	井上　恵子	白梅学園大学嘱託研究員、早稲田大学招聘研究員。大学院後期課程を満期退学後、東京都の専門員となる。育児、介護による職業中断の後、幼稚園、保育所、児童館、学童保育所、障がい（児）者支援施設に勤務。大学や専門学校の教員も歴任し大学の地域貢献活動にも関わりつつ研究を進めている。『公民館・コミュニュティ施設ハンドブック』（エイデル研究所）、『子ども白書　2012～』（本の泉社）、「東京都（旧）西多摩地域にみる昭和20年代設立の公民館」『年報』（日本公民館学会、第7号、2010年）、「地域と大学の連携と世代間交流」『白梅学園大学・短期大学紀要』（白梅学園大学・短期大学、48号、2012年）ほか。

担当	氏名	プロフィール
第10章、むすび	溝邊　和成	兵庫教育大学大学院学校教育研究科教授。博士（学術）。小学校生活科・理科・総合学習の授業論・カリキュラム論を専門分野とし、小学校教員経験を有する。最近、幼児の科学教育や世代間交流における互恵性に興味を持つ。『多様化社会をつむぐ世代間交流』（編著）（三学出版、2012年）他。日本世代間交流学会副会長兼事務局長。
第11章	角間　陽子	福島大学人間発達文化学類教授。教育学修士。公立及び私立の高等学校家庭科教員、松本短期大学介護福祉学科専任講師を経て2005年より現職。専門は家庭科教育学・生活経営学。「アクティブ・エイジングを志向した食生活の学習―中学校家庭科において―」（東北家庭科教育研究、第11号、17-21、2012年）ほか。
第11章	中野　悦子	福島成蹊高校。県立高校にて家庭科を30年間担当、2013年より現職。「感性を回復させる家庭科〜かけがえのない自他の気づき〜」（東北家庭科教育研究、第2号、2003）「生活の知恵・伝統の食文化は持続可能な復興の鍵になり得るか－家庭科による生涯を見通して生活をつくる力の育成を目指した指導からの一考察－」（東京家政大学人間文化研究所紀要　第7集、2013）『家庭科実践事例集〜新しい社会づくりへのメッセージ〜』（教育図書、2013年）ほか。
第12章	伊藤　わらび	十文字学園女子大学名誉教授。沖縄大学地域研究所特別研究員。三育学院大学、星槎大学非常勤講師。児童養護施設若草寮法人理事。『児童福祉』（単著）東京都社会福祉協議会、『娘二人の四季』（単著）草土文化、『社会福祉』（共著）全国社会福祉協議会、『新しい総合演習』（共著）保育出版社、『保育学―21世紀の子ども達へ』（編著）建帛社、『英国から日本の皆様へ―ナショナル・チルドレンズ・ホーム滞在記』（単著）相川書房ほか。
第13章	角尾　晋	東北大学医学部社会医学領域公衆衛生学分野。専門は、健康寿命、家族・地域と健康、「超高齢社会における世代間交流のあり方－長野市鬼無里地域での実践を通して」（信州大学教育学部研究紀要　第119号　2007年）ほか。

世代間交流の理論と実践 1
人を結び、未来を拓く世代間交流

2015年3月15日初版印刷
2015年3月30日初版発行

編著者	草溝内安山中	野邊田永口之	篤和勇正俊	子成人史子
		桐	信	胤
発行者	山中			

発行所 三学出版株式会社

〒520-0013 大津市勧学二丁目13-3
TEL/FAX 077-525-8476
郵便振替 01010-5-19551
http://sangaku.or.tv

Ⓒ KUSANO Atsuko

モリモト印刷㈱ 印刷・製本